本书得到了国家自然科学基金应急项目"区域规划实施评
制与案例研究"（71641027）和中央基本业务科研经
科资助基金（BR-B）（FRF-BR-18-004B）支持

中国区域规划

评估理论与实践研究

张满银 著

经济管理出版社

ECONOMY & MANAGEMENT PUBLISHING HOUSE

图书在版编目（CIP）数据

中国区域规划评估理论与实践研究/张满银著 . —北京：经济管理出版社，2020.4
ISBN 978 - 7 - 5096 - 7077 - 4

Ⅰ. ①中… Ⅱ. ①张… Ⅲ. ①区域规划—研究—中国 Ⅳ. ①TU982. 2

中国版本图书馆 CIP 数据核字（2020）第 058793 号

组稿编辑：申桂萍
责任编辑：赵亚荣
责任印制：黄章平
责任校对：陈 颖

出版发行：经济管理出版社
　　　　　（北京市海淀区北蜂窝 8 号中雅大厦 A 座 11 层　100038）
网　　址：www. E - mp. com. cn
电　　话：（010）51915602
印　　刷：三河市延风印装有限公司
经　　销：新华书店
开　　本：720mm × 1000mm/16
印　　张：9
字　　数：151 千字
版　　次：2020 年 4 月第 1 版　　2020 年 4 月第 1 次印刷
书　　号：ISBN 978 - 7 - 5096 - 7077 - 4
定　　价：58. 00 元

序

　　区域规划是中国发展与空间规划体系中的重要组成部分，是国家进行国民经济宏观调控的重要"抓手"之一，是国家和地方指导和促进特定区域发展、制定相关政策的重要依据。在新时代深入实施区域协调发展战略的伟大实践中，研究具有中国特色的区域规划及其评估理论与实践的重大问题，对于进一步建设、完善和提高区域规划体系，检验区域政策的实施成效，更好地发挥国家发展规划的战略导向作用，具有十分重大的意义。

　　本书是北京科技大学张满银教授在国家自然科学基金应急管理项目"区域规划实施评估的理论方法、机制与案例研究"（项目批准号：71641027）成果基础上的深化与总结，也是作者多年科研成果的结晶。本书首先回顾了中华人民共和国成立以来区域规划发展的四个阶段，并提出亟待建立具有中国特色的区域规划体系，亟待探究其实施成效评估的理论与实践。作者认为，中华人民共和国成立以来，其区域规划实施先后经历了沿海向内地区域倾斜发展、沿海区域率先突破、"四大板块"战略区域全面实施和国内外区域全面开放合作四大阶段，并具体提出了我国亟须建立统一开放的（广义的）多层次的区域规划理论体系，亟须耦合各级各类区域规划体系的目标和内容，亟须对其进行系统的实施成效评估。

　　张满银教授在总结国内外区域空间规划研究的基础上，为了从理论和实践上避免我国已经实施的众多广义区域规划之间的"重叠"或"混战"，构建了具有中国特色的（广义的）区域规划体系。他针对目前中国没有建立起统一开放的区域规划体系的迫切问题，依据中国区域规划发展的实践，按照区域规划的功能属性和空间尺度的不同，系统梳理和界定了中国区域规划体系的内涵、类型和功能，提出建立具有中国特色的区域规划分类体系，建议亟待全面形成不同空间尺度的多层次、多类型的科学分工、互为支撑、互为补充、统一开放和协同有力的区域规划体系，全面耦合不同空间尺度的多层次、多类型的各级各类区域规划体系的时空范围、目标、任务、措施和政策，认为系统建立具有中国特色的经济地理尺度结构体系及有效发挥其协同功能是构建中国特色区域规划体系的关键所在，是形成具有强大合力的、中国特色的、全面有机协调统一的区域规划实施体系的关键所在。

如何科学、有效地评估中国众多区域规划实施的成效，无疑是一项十分迫切的任务。由于我国目前区域规划实施评估的理论与实践仍处于探索阶段，本书在总结中国"十一五"以来（狭义）区域规划实施评估问题的基础上，探究了中国区域规划实施评估的主体、标准和方法，提出和构建了中国区域规划实施评估的主要内容、指标体系和评估周期，以及区域规划实施评估的"3阶段和9步骤"的运行机制，并且指出，在基于一致性和有效性完全质量评估标准的基础上，按时、保质、保量做好对区域规划实施成效的评估工作，将更有利于建立更加有效的区域协调发展新机制，更有利于全面有效实施区域协调发展战略。

在对于中国区域规划体系研究和对区域规划实施评估理论研究的基础上，作者又重点从理论和实践上深入探讨了中国区域规划体系中国家级区域规划和省级区域规划实施评估的理论和方法。国家级区域规划是国家发展和空间规划体系中极其重要的组成部分，探究具有中国特色的国家级区域规划实施评估的理论方法、机制等重大问题，具有重要的紧迫性和关键性。在回顾和总结中国国家级区域规划实施评估的历程和存在的诸如评估组织体系不健全、评估内容体系不系统、评估的方法和机制有待创新和没有出台评估指南等问题基础上，作者具体构建了健全国家级区域规划实施评估的组织体系、实施评估的周期、任务、重点内容和共性评估指标体系，提出了全面建立更加有效的国家级区域规划实施评估机制的具体措施，并探讨了需要进一步研究的问题；同时，探讨了中国省级区域规划实施评估问题、方法与机制，探究了我国省级区域规划实施评估中存在的问题，研究和建立了更加有效的省级区域规划实施评估的内容、方法和机制，对于进一步落实好省级政府的责任和义务，更好、全面、有效地实施好省级区域规划具有重要推动作用。这一部分探究和提出了中国省级区域规划实施评估存在的问题、评估的方法、评估的内容和指标体系，并提出了具体的、建立更加有效的省级区域规划实施评估机制的建议。

作者在对国家级和省级区域规划实施评估理论研究的基础上，重点构建了对国家级区域规划和省级区域规划实施评估的指标体系，并使用多层次模糊评价和灰色关联评价方法分别评估了《长江三角洲地区区域规划》和《广西北部湾经济区发展规划》实施的成效，并有针对性地提出了更好实施和提高国家级区域规划和省级区域规划实施成效的具体措施。

研究具有中国特色的区域规划体系及其评估理论与实践的重大问题，是一件涉及范围、内容、方法等十分复杂的任务，本书的出版无疑在我国规划体系及其评估理论研究和构建方面做了一项开拓性的工作，期待有更多的理论工作者和实践工作者为建设中国规划体系评估理论及其应用做出更多的贡献。

是为序。

全国经济地理研究会会长

中国区域科学协会副会长

中国区域经济学会副理会长

国务院扶贫开发领导小组专家咨询委员会委员

中国人民大学杰出学者特聘教授、应用经济学院博士生导师

 教授

2020 年初春于中国人民大学

目　录

中国区域规划评估理论与实践研究

第一章　中华人民共和国成立70年中国区域规划的回顾与展望

　　中华人民共和国成立70年来，在马克思主义、毛泽东思想、邓小平理论、"三个代表"重要思想、科学发展观和习近平新时代中国特色社会主义思想的指导下，我国国民经济和社会发展取得了举世瞩目的伟大成就，其中区域规划在促进我国区域发展和区域协调方面起到了十分重要的作用。

　　区域规划是对特定区域内的经济社会发展进行全面谋划和布局，以期解决区域内和区域间分工与协作或区域内和区域间发展的不平衡问题，是实现其经济效益、社会效益和生态效益有机统一的行动方案。区域规划往往具有战略性、地域性和综合性的特点。

　　区域规划的初衷主要是引导和协调特定区域的发展方向。当然，区域规划的内涵和外延是一个不断深化和拓展的过程。其一是着眼于解决特定区域的落后、膨胀、萧条和衰退等问题[1]；其二是促进全国的、地方的区域间或是区域内的合作，以应对全球竞争与挑战；其三是对大范围区域甚至是对双边和多边共同行动的国际性区域的愿景或设想。

　　区域规划是我国以国民经济和社会发展规划即"五年规划"为统领的国家发展规划体系中极其重要的组成部分，是"五年规划"在特定区域的具体落实和实现。回顾和总结中华人民共和国成立以来区域规划发展的历程，对于更好发挥国家发展战略规划的导向作用具有重要意义。

中华人民共和国成立以来，在马克思主义关于生产力均衡布局和协调发展思想、城乡融合发展思想和关于国际分工与协作思想的指导下，依据我国国民经济和社会发展主要矛盾及国家发展中心工作的变化，我国国民经济和区域规划发展的实践紧密结合具有中国特色的生产力均衡布局理论、区域经济非均衡发展理论、区域经济协调与协同发展理论、城乡统筹理论和新时代以人民为中心的平衡充分发展理论，至今已经连续制定和实施了十三个五年规划。与此同时，从"一五"到"十三五"期间，中央政府先后制定和实施了一系列区域规划或类区域规划，包括各种决定、决议、批示、批复、通知或意见，其先后经历了四个不同的发展阶段，即沿海向内地区域倾斜发展阶段、沿海区域率先突破阶段、"四大板块"战略区域全面实施阶段和国内外区域全面开放合作新阶段（见图1-1）。

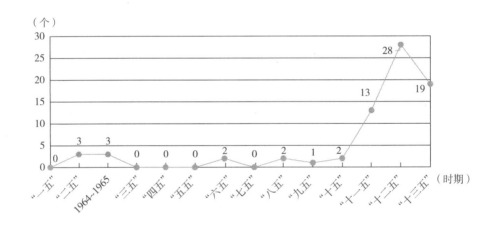

图1-1　"一五"至"十三五"时期中国各种区域规划或类区域规划

资料来源：根据《建国以来重要文献选编》、《十二大以来重要文献选编》、中国共产党新闻网、中华人民共和国国家发展和改革委员会网站、中华人民共和国中央人民政府网等网站整理，截至2019年9月10日。

一、沿海向内地区域倾斜发展阶段

这一阶段即是以工业化和国家安全为中心的沿海向内地区域倾斜发展的阶段（"一五"至"四五"时期）。

中华人民共和国成立初期，我国70%以上的工业主要集中在东部地区。中华人民共和国成立后，经过三年的恢复时期，于1953年开始实施我国第一个五年计划。1956年，毛泽东同志发表了著名的《论十大关系》，其中辩证地阐述了中央和地方、沿海工业和内地工业、重工业与轻工业和农业的关系，以及汉族与少数民族的关系等问题，这是指导我国特别是中华人民共和国成立初期区域规划发展的重大指南。党中央于1956年召开的党的八大明确指出我国社会的主要矛盾是：人民对于建立先进的工业国的要求同落后的农业国的现实之间的矛盾。1964年8月，根据毛泽东对《关于国家经济建设如何防备敌人突然袭击的报告》的批示，要求"要精心研究，逐步实施"[2]。也就是新生的社会主义共和国的中心工作是加快实现工业化和保证国家安全。

为了加快实现工业化，国家在"一五"计划期间，特别是由苏联援助的156个工程项目，除东北配置的工程项目之外，按照当时沿海与内地的划分，其中150个施工项目中在内地实施了118个，约占全部开工项目的79%，而沿海地区只占约21%，且156个项目建设在"一五"计划结束后取得了巨大的成就。"二五"计划期间，中央多次召开旨在加强跨省级行政区的协作会议。中共中央于1958年2月6日召开地区性协作会议，决定将全国划分为七个协作地区，即东北协作区、华北协作区、华东协作区、华南协作区、华中协作区、西南协作区、西北协作区，并指定了各协作区的召集人，要求每年至少召开四次各区的协作会议，也可根据需要召开一些省际会议或专业会议，目的是

"为着更加多、快、好、省地建设社会主义和配合国民经济计划的进行，互通情报，交流经验，互相协作，彼此支援，调节矛盾，互相评比，以便在中央方针政策和统一规划的领导下，促进社会主义建设事业的共同发展"[3]。1958 年6 月，中共中央进一步作出了关于加强协作区工作的决定，旨在解决我国工业分布仍然很不平衡的问题，决定今后新建大型的冶金、煤炭、电力、机械、炼油、化工等企业，应当在地区上做合理的分布，使各个协作区都具有必要的工业骨干，建立起比较完整的工业体系。要求组织工业基础较强的省、市、自治区帮助工业基础较差的地区，实行重点和全面相结合、以点带面的方针。工业基础比较强的地区，应当抽出必要的力量帮助那些工业基础较差的地区，使这些地区能够根据自己的资源、销路和人力条件，尽快地发展自己的工业[4]。全国七个协作区都成立了协作区委员会，并对原各协作区的组成进行了个别调整。同时，为了方便互相支援和交流经验，要求沿海与内地各大城市之间，如北京、上海、沈阳、哈尔滨、天津、广州、武汉、成都、西安等城市，每年召开一次到两次联席会议。1961 年 1 月，中国共产党第八届中央委员会第九次全体会议决定成立中央局，会议认为，在第一个五年计划胜利完成以后，经过1958～1959 年两年的连续大跃进，绝大多数省、市、自治区已经不同程度地建立了自己的基本工业，全国的经济布局也日益趋向合理，认为原来的协作区委员会已经难以适应形势发展的需要。中央决定成立华北、东北、华东、中南、西南、西北六个党的中央局，要求"各中央局以建立本地区的比较完整的经济体系为其主要任务，并按照地区特点，规定一些必要的措施，以保证党的任务的完成和促进社会主义建设事业的全面发展"[5]。

为了保证国家安全，防止敌人突然袭击，沿海一线工业要向三线、二线分散转移。1964 年 8 月，毛泽东对《关于国家经济建设如何防备敌人突然袭击的报告》（1964 年 4 月 25 日）的批示，认为当时工业过于集中，大城市人口多且大部分都在沿海地区，易遭空袭；主要铁路枢纽、桥梁和港口码头，一般多在大、中城市及其附近，易在敌人轰炸城市时一起遭到破坏；所有水库，紧急泄水能力都很小，需要采取一些切实可行的积极措施，以防备敌人的突然袭击。1964 年 8 月 19 日，《李富春等关于落实毛泽东对国家经济建设如何防备敌人突然袭击问题批示的报告》[6]中进一步提出了具体向三线、二线分散转移的措施，并提出一切新建项目不论在哪一线建设，都应贯彻执行分散、靠山、隐蔽的方针，不得集中在某几个城市或点。1964 年 10 月，周恩来、罗瑞卿《关于一二两线各省、市、区建设自己后方和备战工作的报告》认为，抓紧一、二两线各省、市、自治区的后方建设是一项具有战略意义的大事，并对今后三年加强后方建设和备战工作进行了具体规划。1965 年 2 月，中共中央、国务院发布《关于西南三线建设体制问题的决定》[7]，认为西南三线建设现在日益展开，任务艰巨，并决定成立西南局三线建设委员会，重点进行三线建设。

"一五"至"四五"时期（即 1953 ~ 1975 年）沿海向内地区域倾斜发展阶段，为我国建立比较完整的工业体系和国民经济体系做出了巨大的贡献，但因重点发展重工业和基础设施建设，客观上影响了农业和轻工业的发展，造成了一定程度的比例失调。

二、沿海区域率先突破阶段

这一阶段即是以改革开放和效率优先为中心的沿海区域率先突破的阶段（"五五"中期至"七五"时期）。

我国从"五五"中期至"七五"时期（即 1978 年改革开放至 1990 年）（见图 1 - 1），1978 年召开党的十一届三中全会以后，我们党对八大关于社会主要矛盾的提法作了进一步的提炼，认为社会的主要矛盾是人民日益增长的物质文化需要同落后的社会生产之间的矛盾。我们党把全党的工作重点转移到了社会主义现代化建设上,开启了改革开放、以经济建设为中心、坚持效率优先的中国特色社会主义建设道路。这一期间,我国区域规划发展经历了从沿海特区突破到四大战略区域先后分类施策的开发和振兴战略,且这一阶段的区域规划(特别是广义的区域规划)数量急剧增多。

1979年4月,邓小平首次提出要开办"出口特区";1979年7月,中共中央、国务院同意在广东省的深圳、珠海、汕头三市和福建省的厦门市试办出口特区。1980年3月,"出口特区"改名为"经济特区",并在深圳加以实施。

"六五"至"七五"时期,我国区域规划的重点在于实施"东部率先领跑的战略"。1984年5月4日,中共中央、国务院关于批转《沿海部分城市座谈会纪要》的通知,建议进一步开放天津、上海、大连、秦皇岛、烟台、青岛、连云港、南通、宁波、温州、福州、广州、湛江和北海14个沿海港口城市,并决定逐步兴办经济技术开发区。1985年2月18日,中共中央、国务院关于批转《长江、珠江三角洲和闽南厦漳泉三角地区座谈会纪要》的通知,决定在长江三角洲、珠江三角洲和闽南厦漳泉三角地区开辟沿海经济开放区,是我国实施对内搞活经济、对外实行开放的又一重要步骤,是社会主义经济建设中具有重要战略意义的布局。"七五"时期,邓小平同志在提出"三步走"发展战略的基础上,于1988年提出了"两个大局"的战略构想,其中之一是"沿海地区要加快对外开放,使这个拥有两亿人口的广大地带较快地先发展起来,从而带动内地更好地发展,这是一个事关大局的问题。内地要顾全这个大局"。1988年4月,设立海南经济特区。"六五"至"七五"时期,由国务院批准在沿海设立的国家级开发区达到20个。

"五五"中期至"七五"时期,以改革开放和效率优先为中心的沿海区域率先突破发展阶段,对于发挥沿海地区的特殊优势和政策优势,对于更好发挥沿海地区"两只手"的作用,取得了巨大成效。沿海区域的率先突破发展,客观上也带动了我国中西部的发展,但事实上也加剧了我国东中西部的区域发展差距,这种区域发展的不平衡甚至产生区域间利益冲突或"区域间大战",

国民经济管理寻求区域间的合理分工与协作和追求区域间适度均衡的规划发展显得尤为迫切。

三、"四大板块"战略区域全面实施阶段

这一阶段即是以解决区域问题和区域均衡发展为中心的"四大板块"战略区域全面实施的阶段（"八五"至"十二五"中期）。

"八五"至"十二五"中期（即1991年至2012年11月党的十八大召开），在坚持改革开放、以经济建设为中心、坚持效率优先的同时，我国区域发展不平衡的矛盾尤为突出。在继续实施"东部率先领跑战略"的基础上（如1992年决定建设上海浦东等国家级新区，2003年12月国务院批复设立珠澳跨境工业区），我国事实上相继实施了"西部大开发""东北振兴"和"中部崛起"的区域战略规划。1993年3月12日，国务院批转《国家计委关于西北地区经济规划问题报告的通知》，提出了西北地区经济规划的基本思路和总体设想，以及重点建设的项目。同日，国务院批转《国家计委关于西南和华南部分省区区域规划纲要的通知》，提出了本区域规划的重点内容，即西南和华南部分省区资源开发、对外开放和经济发展中的重大方针和原则；需要跨省区联合兴建的重大建设项目，特别是交通建设项目；需要统筹规划、共同建设的对外开放体系和市场体系，在对外贸易等方面需要共同研究和解决的问题；按照合理分工、优势互补的原则，需要从宏观统一考虑和安排的区域生产力布局。

"九五"至"十二五"中期，2000年、2004年、2007年和2012年中央政府先后四次发布《国务院关于实施西部大开发若干政策措施的通知》《国务院关于进一步推进西部大开发的若干意见》《西部大开发"十一五"规划》和《西部大开发"十二五"规划》；2007年和2012年两次发布《东北地区振兴

规划》和《东北振兴"十二五"规划》，且在 2006 年和 2009 年分别发布《关于促进中部地区崛起的若干意见》和《国务院关于促进中部地区崛起规划的批复》。特别是 2007 年召开的党的十七大，明确要求继续实施区域发展总体战略，发挥各自区域的比较优势。事实上，这一期间"四大板块"战略区域规划得到了全力实施。

与此同时，中央政府又先后发布或批复了其他区域规划和类区域规划，如《广西北部湾经济区发展规划》《珠江三角洲地区改革发展规划纲要（2008—2020 年)》《关中—天水经济区发展规划》《江苏沿海地区发展规划》《辽宁沿海经济带发展规划》《中国图们江区域合作开发规划纲要——以长吉图为开发开放先导区》《黄河三角洲高效生态经济区发展规划》《鄱阳湖生态经济区规划》《皖江城市带承接产业转移示范区规划》《长江三角洲地区区域规划》《山东半岛蓝色经济区发展规划》《浙江海洋经济发展示范区规划》《中原经济区规划（2012—2020 年)》《海峡西岸经济区发展规划》等，至少达到 21 个。

另外，从陆海统筹、发展海洋经济战略的角度来看，2012 年 12 月实施《全国海洋经济发展"十二五"规划》，这表明我国区域规划发展的总体战略进一步完善。

"八五"至"十二五"中期实施的以解决区域问题和区域均衡发展为中心的"四大板块"战略区域规划及其他区域规划的全面实施，客观上使其发挥了各自的区域优势，促进了绝大部分区域的增长和发展，但东北地区的经济增长乏力。

四、国内外区域全面开放合作新阶段

这一阶段即是以国内大区域协同和国际多边、双边走廊合作为中心的国内外区域全面开放合作的新阶段（"十二五"中期党的十八大召开至今）。

"十二五"中期即党的十八大以来（见图 1 - 1），以习近平总书记为核心的党中央要求到 2020 年实现全面建成小康社会的宏伟目标，并将开启全面进行社会主义现代化强国建设的新征程。在党的十九大会议上，重新确定了我国社会的主要矛盾是人民日益增长的美好生活需要同不平衡不充分发展之间的矛盾。其中，不平衡主要表现在我国东部、中部、西部，城市和农村，富裕和贫穷之间；不充分的主要表现就是人民多方面、多层次、多角度的美好生活需要，相对还不能完全满足。这一阶段我国区域发展规划开始走向以国内大区域协同发展和国际多边、双边走廊合作为中心的国内外区域全面开放、合作新阶段。

2013 年 9 月，习近平主席在哈萨克斯坦纳扎尔巴耶夫大学演讲时，提出共建"丝绸之路经济带"设想；2013 年 10 月，习近平主席在印度尼西亚国会发表演讲，强调中国愿同东盟国家共建"21 世纪海上丝绸之路"；同年 11 月，在党的十八届三中全会《中共中央关于全面深化改革若干重大问题的决定》中提出：加快同周边国家和区域基础设施互联互通建设，推进丝绸之路经济带、海上丝绸之路建设，形成全方位开放新格局；2014 年 2 月，在俄罗斯索契冬奥会期间，习近平主席和普京总统就跨欧亚铁路与"一带一路"对接达成战略共识；2015 年 3 月，国家发展改革委、外交部、商务部联合发布了《推动共建丝绸之路经济带和 21 世纪海上丝绸之路的愿景与行动》，同年 9 月，共同发布《中华人民共和国政府与吉尔吉斯共和国政府关于两国毗邻地区合作规划纲要（2015—2020 年）》，在 2016 年 6 月中俄蒙三国共同签订《建设中蒙俄经济走廊规划纲要》。习近平总书记提出的"一带一路"共同愿景与行动，将中国的发展空间与亚太经济圈、欧洲经济圈，以及中国与东盟、中国与非洲及拉丁美洲等国家和地区的合作日益紧密相连，"共商、共建、共享"的国际性合作区域日益扩大。

2014 年 2 月，习近平总书记主持召开座谈会听取京津冀协同发展工作汇报后，就推进京津冀协同发展提出了七点要求；2015 年 4 月和 2016 年 3 月，中共中央政治局先后审议通过《京津冀协同发展规划纲要》和《长江经济带发展规划纲要》；2016 年 3 月，中央政府印发《国务院关于深化泛珠三角区域合作的指导意见》，2019 年 2 月，中共中央、国务院印发了《粤港澳大湾区发展规划纲要》；2019 年 5 月，中共中央政治局审议了《长江三角洲区域一体化发展规划纲要》。新的四大区域发展规划在纵向、横向轴带的深入实施，为进一步推动我国大区域间的协同发展提供了强大的推动力。

党的十八大以来，习近平总书记强调要深入实施区域发展总体战略和陆海统筹战略。2016 年 11 月发布《国务院关于深入推进实施新一轮东北振兴战略加快推动东北地区经济企稳向好若干重要举措的意见》和《东北振兴"十三五"规划》，同年 12 月发布《国务院关于促进中部地区崛起"十三五"规划的批复》；2017 年 1 月发布《国务院关于西部大开发"十三五"规划的批复》。党中央、国务院高度重视海洋经济发展，坚持实施陆海统筹战略，党的十八大作出了建设海洋强国的重大战略部署，认为"十三五"时期是我国海洋经济结构深度调整、发展方式加快转变的关键时期，要紧紧抓住"一带一路"建设的重大机遇，推进海洋经济持续健康发展。2017 年 5 月，进一步深入实施《全国海洋经济发展"十三五"规划》。

与此同时，按照党的十八大的要求，中央政府先后发布了《赣闽粤原中央苏区振兴发展规划》《晋陕豫黄河金三角区域合作规划》《洞庭湖生态经济区规划》《珠江—西江经济带发展规划》《左右江革命老区振兴规划》《长江中游城市群发展规划》《大别山革命老区振兴发展规划》《环渤海地区合作发展纲要》《哈长城市群发展规划》《成渝城市群发展规划》《长江三角洲城市群发展规划》《川陕革命老区振兴发展规划》《中原城市群发展规划》《北部湾城市群发展规划》等至少 24 个其他区域规划和类区域规划或意见和批复。

党的十九大以来，党中央把实施区域协调发展战略上升为国家战略。2018 年 11 月，中共中央国务院发布了《关于建立更加有效的区域协调发展新机制的意见》，目的是促进区域协调发展向更高水平和更高质量迈进，推动国家重大区域战略协调发展。中央政府同时发布《关中平原城市群发展规划》《呼包鄂榆城市群发展规划》《兰州—西宁城市群发展规划》《淮河生态经济带发展规划》《汉江生态经济带发展规划》等区域规划。

从"十二五"中期即党的十八大召开至今实施的以国内大区域协同和国际多边、双边走廊合作为中心的国内外区域全面开放、合作的新阶段，除东北区之外，我国东部、中部和西部区域出现了基本均衡发展的态势，形成了以西部大开发、东北振兴、中部崛起、东部率先即"四大板块"战略区域为基础，以"一带一路"建设、京津冀协同发展、长江经济带发展、粤港澳大湾区建设和长江三角洲区域一体化发展等重大区域发展战略为引领，共同促进我国东中西、南北方、陆海边和国内外大区域间的相互融通、相互补充发展的新局面。

五、70 年来中国区域规划发展总结和展望

中华人民共和国成立 70 年来，我国区域规划发展在马克思主义区域经济思想和中国特色区域经济学理论的指导下，在先后经历的沿海向内地区域倾斜发展、沿海区域率先突破、"四大板块"战略区域全面实施和国内外区域全面开放合作发展的四个阶段中，"一五"至"九五"时期区域规划的空间格局由"一五"时期的沿海与内地的二分格局、"二五"时期的六大经济协作区、"三五"时期的 10 大经济协作区到"六五"时期末的东中西三大地带，以及"十五"和"十一五"时期的"四大板块"战略、"十二五"时期的三个支撑带，到"十三五"时期的"路带区域"战略（即"一带一路"、长江经济带、京津冀协同区域、粤港澳大湾区、长江三角洲区域一体化）等的实施，使我国区域规划的空间和内容逐步由跨行政区域的协作、板块协作向国内大区域协作和协同发展转变，同时十分重视国际走廊的合作和建设。

70 年来，我国区域规划发展取得了巨大成就，已经建立了完整的国民经济体系和区域工业体系，广大的中西部地区得到了极大的发展；在现行标准下，到 2020 年全面建成小康社会，在中华民族几千年的发展历史上，首次全面消除区域性绝对贫困现象；人民生活水平和国家的经济实力、国防实力和科技实力等得到了显著的提升。

70 年来，中国区域规划发展在不断探索着如何正确处理沿海与内地、公平和效率、中央和地方、政府与市场、国内与国外的关系，且按照类型区实施的区域规划及其区域间合作、互助和利益补偿等政策在进一步趋向发展和完善阶段，但我国整体发展的区域差距仍然较大，区域分化现象已经显现，区域恶性竞争依然存在，区域发展不平衡不充分的问题已经成为新时代发展的突出矛盾之一。在全面建成小康社会、开启全面建设社会主义现代化强国的新征程，在高质量全面实施区域协调发展战略的新时代，对未来中国区域规划发展的展望和建议如下：

1. 亟须建立统一开放的多层次的区域规划体系理论

中华人民共和国成立 70 年来区域规划发展的实践表明，我国区域规划体系的理论总结已经落后于我国区域规划发展的实际需求，我国亟须建立统一开放的多层次区域规划体系理论，以用于系统指导区域规划发展的多层次需求。原来一般意义上的狭义的区域规划是指跨行政区域的规划，这种区域规划的内涵和初衷对于解决独立行政区域之间的协调和协同发展问题无疑起到了巨大的促进作用，但从国民经济、区域经济和城市经济实际运行的成效看，往往导致其与独立行政区域的规划、与更小空间尺度的新区规划和各种开发区规划，以及与更大空间尺度的国际双边和多边区域共同发展愿景与行动存在一定程度的"脱节"和"割裂"，容易造成在不同空间范围上的规划或共同行动之间各行其是，极不利于形成规划体系的强大合力。未来我国新的区域规划体系是包括战略区域规划、区域规划、独立行政区规划和新区规划及其他各种功能开发区规划，以及双边合作区域规划和多边区域发展愿景与行动在内的多层次、多类型的不同空间尺度结构的互为支撑、互为补充、统一开放的广义区域发展空间规划体系。特别是需要把新区和开发区规划纳入广义区域空间规划体系，它是广义的区域空间规划体系创新发展的新动力、新支撑和新空间；需要把双边合作区域规划和多边区域发展愿景与行动也纳入区域空间规划体系。这样有利于进一步把国家发展战略、发展规划、发展政策和发展倡议贯彻落实在各层次、各类型的区域发展规划上，便于把国家发展战略、发展规划、发展政策和发展倡议的主要目标、重点任务、重大工程项目与各层次、各类型的区域规划相衔接。这是我国区域空间规划体系适应新时代国家深化改革和对外开放的客观需要，将有利于统一形成具有鲜明中国特色的、开放的区域空间规划体系的强大合力。

2. 亟须在规划实践中整合或耦合各级各类广义的区域规划体系的目标和内容

由于我国广义的区域规划体系的多层次和多类型的存在，仅就国家已经批准实施的狭义区域规划而言，如以我国"十一五"以来批准实施的主要区域规划范围为例，长江三角洲及其周围地区、中原及其周围地区和东南地区等局部地区，已经被多个不同的区域规划重复规划，导致一些区域规划的空间范围、发展时期、目标、内容和措施不衔接和不协调，势必造成不同空间尺度政府调控和资源配置的重叠、错位和不当，有时可能造成相互之间的掣肘。由于"规划是约束社会行为的'第二法则'"[8]，整合或耦合各级各类区域空间规划体系就显得尤为重要和紧迫。

3. 亟须对各级各类广义的区域规划体系进行系统的成效评估

区域规划的寿命周期包括其制定、实施、评估和修订或终止等几个阶段，其中按时、保质、保量对区域规划进行评估是保障其有效实施的重要环节。中华人民共和国成立以来，"十五"时期前，我国基本没有对跨行政区的区域规划进行系统、全面的评估。我国对区域规划实施的评估可以追溯到"十五"时期开始的2001年对深圳、广州、长沙、余姚、汕头等区域性中心城市总体规划的检讨，直至2005年10月，国务院出台了《国务院关于加强国民经济和社会发展规划编制工作的若干意见》（国发〔2005〕33号），明确要求我国要实行规划（包括区域规划在内）的评估制度。之后我国区域规划实施的评估开始于"十一五"时期前，但主要在"十二五"中后期和"十三五"时期对部分区域规划进行了评估。2015年7月，国家发展改革委报请国务院同意，印发了《国家级区域规划管理暂行办法》（发改地区〔2015〕1521号），对区域规划的评估、评估结果和规划修订提出了具体管理办法。从对区域规划实施评估的具体实践来看，我国区域规划实施评估的理论、方法和内容等有待于在未来做进一步的总结、提高和深化研究。

事实上，70年来，在我国区域规划的实施中长期存在重编制、轻评估的问题。对重大区域规划实施评估的主体、评估的标准、评估的方法、评估的过程和评估结果的运用上，存在着一些亟须解决的突出问题，譬如：对众多不同类型、不同层次区域规划的评估，其评估主体是选择政府部门进行自我评估还是由同级人大评估，或者是选择第三方评估？第三方评估主体如何选择？怎么保证其独立性？评估众多的区域规划其评估标准是什么？是采取"一规一策"还是"多规一策"？采取什么样的评估方法？区域规划的评估方法和对国民经济和社会发展五年总体规划评估的方法和指标一样吗？对区域规划的评估是不是要全部进行前期、中期和结果性评估？区域规划的评估结果如何应用？能不能把其实施效果和政府的绩效考核挂钩？如何加快推进对区域规划立法？诸多问题需要理论界和实际工作者给予研究、总结和回答，特别是既需要研究和总结中国特色的区域规划体系及其实施评估的经验，又需要系统研究和总结国外典型国家的经验和做法，因为只有在成熟的科学的中国区域规划及其评估理论的指导下，才能更好发挥中国重大区域规划的战略导向作用和实施成效。

参考文献

[1] 张可云. 区域经济政策［M］. 北京：商务印书馆，2005：3.

[2] 中共中央文献研究室. 建国以来重要文献选编（第十九册）［M］.

北京：中央文献出版社，1998：130 - 135.

　　［3］中共中央文献研究室．建国以来重要文献选编（第十一册）［M］.
北京：中央文献出版社，1995：157 - 158.

　　［4］中共中央文献研究室．建国以来重要文献选编（第十一册）［M］.
北京：中央文献出版社，1995：343 - 348.

　　［5］中共中央文献研究室．建国以来重要文献选编（第十四册）［M］.
北京：中央文献出版社，1997：75 - 77.

　　［6］中共中央文献研究室．建国以来重要文献选编（第十九册）［M］.
北京：中央文献出版社，1998：130 - 135.

　　［7］中共中央文献研究室．建国以来重要文献选编（第二十册）［M］.
北京：中央文献出版社，1998：74 - 76.

　　［8］杨伟民．发展规划的理论和实践［M］．北京：清华大学出版社，
2010：5.

第二章 中国特色区域规划体系研究

习近平总书记在党的十九大报告中明确指出，要"创新和完善宏观调控，发挥国家发展规划的战略导向作用，健全财政、货币、产业、区域等经济政策协调机制"，要坚定"实施区域协调发展战略"；党的十九届四中全会进一步指出，要"健全以国家发展规划为战略导向，以财政政策和货币政策为主要手段，就业、产业、投资、消费、区域等政策协同发力的宏观调控制度体系"，要"完善国家重大发展战略和中长期经济社会发展规划制度"，这是全面建成小康社会、全面建成社会主义现代化强国的重大战略任务。系统研究、梳理和构建各种不同空间尺度的不同类型的和不同层次的区域规划及其体系，进一步厘清其相互关系，避免出现政策混乱，以期形成具有中国特色的全面有机协调统一的区域空间规划体系，是具体落实这一重大战略任务的重大举措，因为区域规划体系在我国发展和空间规划体系中占有十分重要的地位，它是中央政府和地方政府发展国民经济和区域经济的重要"抓手"之一。如何形成全面的，强大的具有中国特色的区域规划体系实施的合力，在全面推进国家治理体系和治理能力现代化中具有十分重要的紧迫性。

一、国内外研究现状述评

1. 国外研究现状

国外区域规划的内涵是一个逐步充实和发展的过程，区域规划扮演着发展、协调和增强区域竞争力的重要角色。国外学者认为区域规划也称为区域发展规划（Mabogunje，1985）。区域规划必须被视为国家级区域规划，也就意味着区域规划在联邦制国家中对小规模水平和大规模社区规划起着调解者的角色，区域规划影响着联邦制国家的社区规划规模（Schmidt 和 Buehler，2007）[1]。美国的区域规划始于20世纪20年代，从城市、郊区逐渐过渡到纽约、芝加哥等大都市，区域规划中的公共设施建设和分区建设为总体规划的重要组成要素（Akimoto，2009）[2]。区域规划中的"区域"必须被理解为一个空间单元，其规模不同并可作为区域规划的参考平面，又由于区域规划的能力主要由联邦国家负责，这会造成区域规划的规模、划界和组织方面存在巨大差异（Mertins 和 Paal，2009）[3]，另外 Kadiri（2010）认为应该从政治的视角丰富区域规划的内涵[4]。Taleshi 和 Bisheii（2015）提出了较为全面的内涵及其成功实施的条件，即区域规划是一个为区域或州内及州与州之间的社会经济发展建立的长期和适宜的框架性工具，区域规划创造了更多变革的机会，但其成功取决于当地利益相关方在规划各个方面的参与。区域规划通过投资、经济、社会和环境效益为发展创造了强大和可预测的条件，正如 Taleshi 和 Bisheii（2015）及 Burns、Eaton 和 Gregory（2013）所提出的，可以按照以下特征和区域空间规划来实现区域的发展：一个充满活力的促进区域经济发展的计划；通过更加平衡的社会和经济发展及增强的竞争力，促进区域凝聚力；计划应通过加强自然环境保护和确保社会和经济发展在环境限制内进行，促进区域的可持续发展[5][6]。Adams 等（2017）以澳大利亚自然资源管理机构为例，探讨了区域治理系统与气候适应空间规划之间的关键联系，发现目前澳大利亚区域自然资源管理机构的体制和资源能力正在削弱，国家治理体系在很大程度上未能实现准备好应对气候变化的自然资源管理计划的预期成果，并提出了改善澳大利亚空间规划以适应其气候变化的具体建议[7]。Matthewsa 和 Marston（2019）具体研究了澳大利亚环境需求对区域规划政策的影响，表明区域规划要根据特定区域的环境要求作相应调整或适应[8]。

国外主要发达国家的区域规划类型及其体系差异较大。譬如，美国并没有一个强有力的广义的总体的区域规划体系（Kayden，2000）[9]，各个州可以制定各自的规划（包括区域规划）（Gawroński 等，2010）[10]；美国的区域规划体系包括经济规划、物质规划、社会规划和公共政策规划四个方面，分为（20世纪 30~60 年代）以资源开发为主、（20 世纪 60~90 年代）以经济发展规划为主的跨州区域规划和现在的大都市市区规划。但正如 Bolton 和 Roger（2012）所说，美国各地区没有政治权力来规划一个城市或城镇能做的事；一个地区不可避免地拥有多个政治管辖区，并且每个地区都独立制订计划；他们的居民有不同的偏好和政治结构，他们的国家授予他们权力，并且他们极度地捍卫这种权力；所有这些使该地区难以集体行动[11]。德国的区域规划属于德国空间规划体系中介于国家和地区层面处于中间层面的，并在联邦国土规划的指导下，依法制定的区域发展规划（Mertins 等，2009）；德国的区域规划体系主要包括两大类：一是非正式的、无约束力的，如大区域（跨州）发展方案、小区域（跨农村城镇）专题解决方案等；二是正式的、有约束力的，如鲁尔地区的无烟煤和烟煤区域发展规划及区域规划（李远，2008）[12]。法国的区域规划属于法国空间规划体系中的两个独立的领域即"区域规划"和"土地利用规划"之一（Commission，2005）[13]。欧盟区域是一个拥有 27 个成员国（英国已脱欧）的政治与经济共同体，欧盟在《申根协定》区域内取消了内部边界，极大地方便了各要素在欧盟内部的自由流动；欧盟区域试图建立一个共同的贸易政策，包括农业和渔业政策和区域发展政策；1970年，以在伯恩首次召开的负责区域空间规划的欧盟理事会部长会议（CEMAT）为起点，之后产生了很多关于欧盟区域发展的具有里程碑意义的大事（Commission，2000）[14]，特别是在1995年，提出制定欧洲空间发展规划，获得了欧盟大多数国家的认可，1999年欧盟委员会和各成员国通过了《欧洲空间发展展望》（European Spatial Development Perspective，ESDP），欧盟区域一体化的规划体系包括各国及区域规划和跨国协作的区域规划；ESDP作为促进欧盟区域一体化的跨区域空间发展纲领，对实现欧盟的地区间平衡和可持续发展做出了一定的贡献，这对我国开展跨区域规划有一定的借鉴意义。具有典型意义的是日本的七次全国综合开发规划，日本形成了"四级三类"的国土空间规划体系，即国家、都道府县、市町村和涵盖两个及以上行政区的区域协调规划，三类是指国土形成规划、国土利用规划和土地利用基本规划（含专项规划）（袁源琳等，2019）[15]。日本国家的区域规划体系具体包括都市圈规划、地方开发规划、特殊地域开发和据点开发四类（张莹等，2017）[16]，鉴于日本已经在规划事权方面有较为成熟的经验和做法，其可以作为构建我国事权明晰的空间规划体系（包括区域规划体系）的重要借鉴对象（李亚洲和刘松龄，2019）[17]。

2. 国内研究现状

我国早期的区域规划和国土规划的内涵基本一致，但随着我国区域经济的深化发展，区域规划的内涵更具综合性。最初区域规划与国土规划没有本质的区别，只是在地域范围和类型上区域规划的范围和多样性有所欠缺，在实际工作中，区域规划与国土规划的概念可以通用（胡序威，1998）[18]；一般区域规划是从城市规划发展而来的，城市规划的实践需要区域分析等相关工作，国土规划和区域规划的内涵大致相同（牛慧恩，2004）[19]。我国的区域规划是在城市规划的基础上扩大范围而发展起来的，主要是在政府的主导下，由地理学、经济学、城市规划及交通、水利等共同完成的规划与研究工作，具有区域性和综合性（陆大道，2003）[20]。区域规划是人们根据现有的认识，对规划区域的未来设想和理想状态及其实施方案的选择过程，因此这是一个比较长远而全面的发展构想，是描绘区域未来经济建设的蓝图（崔功豪等，2006）[21]。事实上，区域规划是在一个地区根据长期计划、自然条件、社会条件，对该地区的产业、城镇居住、基础设施建设进行全面规划、合理配置，使各部门、各区域之间协作配合，从战略意义上保证经济社会的可持续发展（李友生，2006）[22]。

与此同时，国内的研究也十分关注区域规划的功能属性，认为区域规划有广义和狭义两方面内涵，但在区域规划的实际工作中其内涵属性应该综合考虑（毛汉英，2005）[23]。区域规划主要有三方面属性：一是从其内容上看，该内涵主要包括空间布局和区域政策；二是从区域规划的地位与性质看，其内涵是综合性规划，但更加侧重空间规划的属性；三是从区域规划的核心任务看，区域规划的内涵主要用于提高整体竞争力（余颖等，2008）[24]。还有的从公共政策角度出发，认为区域规划本质上是一种典型的公共政策，其原因一是区域规划主要由政府主导；二是立足点在于解决区域发展的公共问题；三是区域规划要通过经济社会等协调发展才能塑造可持续的区域（李雪飞等，2006）[25]；区域规划这种公共政策主要是在一个区域范围内，通过各项手段（经济、社会、环境）实现发达和欠发达地区的平衡发展，进而实现土地开发权的公平分配的一种公共政策（黄莉等，2008）[26]；区域规划的内涵即公共政策性，即区域内外发展的均衡性、资源环境发展的可持续性、社会进步和人类发展的广泛性等（赵沁等，2011）[27]。

另外，从国家政策的主导方面出发，周毅仁（2005）认为在"十一五"时期的区域规划内涵要注意如下几点：一是区域规划在范围上不能有所限制；二是区域规划的内容不能面面俱到；三是为解决特定区域特定问题而设立；四是其展望的时限应该较长；五是区域规划不是总体规划的细化或行业规划的汇总；六是区域规划要更多地注重人与自然的协调关系[28]；孙承平等（2010）综述了肖金成对区域规划的理解，认为区域规划就是在一定的地理空间范围内对经济要素进行布局、生态环境保护的制度性安排，并分析了区域规划与主体功能区规划、国土规划、经济社会发展规划之间的关系，指出区域规划与综合配套改革试验区、区域发展战略、区域政策存在的异同[29]；区域规划是在综合评价区域自然条件和社会经济条件、对区域范围内的社会经济系统进行历史和现状分析诊断的基础上，对该区域的经济建设和社会发展所进行的总体部署（韩晶，2011）[30]。区域规划应该包括在经济地理学概念范畴之内，不仅仅是国民经济建设和土地利用的总体政策，更重要的是将区域规划归为高于城市但低于国家政策部署的中观规划（董震，2017）[31]。也就是区域规划的内涵在不断丰富，但其边界有所限制。

我国早期区域规划类型及其体系，正如胡序威（1998）认为其应该包括以工矿业为中心的工业地区区域规划、以城市为中心的城市集聚地区区域规划、以农林牧为主的农业地区区域规划、以河流综合开发和整治为中心的流域规划、地域范围较大的风景旅游区和自然保护区规划，区域规划也应该包括以一般省区或省以下一级经济区或行政区为范围的工农业综合发展地区的区域规划[32]。方创琳（2000）认为区域规划由区域开发规划、区域建设规划、区域发展规划三大部分构成，其中开发规划侧重于资源开发和新区开发的规划，建设规划侧重于物质实体设计规划，而发展规划不仅包括开发规划与建设规划的许多内容，还包括非实体规划，是开发与建设规划的最终结果。白永亮（2004）按照其功能和内容将区域规划分为七大类：自然规划（土地、水资源、动植物资源、矿产资源、环保等）、经济规划（产业发展规划、产业结构调整与生产布局规划）、社会规划（文化、教育、卫生、社会福利、政府管理）、人口规划（出生率、结婚年龄、人力资源开发）、城乡建设规划（城乡数量、规模、功能、城乡分工合作、城市产业园区）、基础设施规划（水、电、路、信息、能源）和科技规划（科研、技术推广等）。崔功豪等（2006）又将区域规划按功能、内容的侧重点及区域属性分为三大类，即按规划功能分为认识性的区域规划（如为了教学或投资而做的规划）和应用型的区域规划

（如政府类规划），按内容侧重点分为策略性区域规划、物质性区域规划、综合性区域规划，按区域属性分为自然区、经济区、行政区、社会区等。崔功豪等（2006）进一步区别了传统意义上的区域规划类型，认为新的区域规划类型包括新的国土规划，即范围上需涉及陆海空、城乡接合部、乡镇（村）等；新的城市地区规划可包括市区规划、城市圈规划、城市群规划；新的县（市、区）域规划（空间利用总体规划）以城乡一体化为导向，实行区域整体空间全覆盖、统筹安排城乡空间和功能利用。李友生（2006）从行政层级将区域规划划分为全国城镇体系规划、省域规划、市域规划、区（县）域规划、镇域规划五个体系。余颖等（2008）从规划的属性具体探讨了我国法定的综合规划类型，即国民经济和社会发展规划、城市总体规划、土地利用总体规划，三者之间在属性上既有区别也有穿插，例如国民经济和社会发展规划属于发展规划、土地利用总体规划属于空间规划、城市总体规划兼有发展规划和空间规划的属性。董震（2017）研究了我国沿海的区域规划构成，认为我国沿海的区域规划应划分为国家总体规划、跨省区域规划、省内区域规划、城级试点规划四个层次，体现了我国沿海区域规划的发展趋势。黄宏源等（2018）更是运用分级分类的思想，根据《新北市区域规划》将台湾新北的保护区按土地资源的敏感特性划分为灾害、生态、文化景观、资源利用及其他五类规划地区。另外，在广义的区域规划体系层面，国内学者还鲜见把这种跨国区域空间的共同行动或展望纳入统一的区域规划体系里进行研究。正如张可云（2017）指出，区域规划应更有层次感，无论是学术界还是决策部门，过去对区域规划过程中的层次问题注意不够，这在一定程度上容易引起政策混乱[33]。客观地说，目前各级、各类规划之间缺乏明确的分工和联系，功能定位模糊（杨伟民，2019）[34]。

3. 综合评价

国内外学者对区域规划内涵及其类型体系的界定是一个不断丰富和发展的过程，都是对区域经济发展的实践和理论的不断总结和深化，区域规划大都是用来解决那些城市、郊区、流域、生态脆弱或敏感地区等无法通过单一独立地方政府解决的地区或区域问题，大体上世界各国或地区的区域规划基本分为宏观区域、中观区域和微观区域规划，也分为各种不同功能属性的区域规划。但由于世界范围内各个区域和国家的自然条件、社会历史发展条件和国家制度及发展阶段上的差异性，国内外学者对区域规划内涵及其类型体系又有一定的差异性，例如一些国家如中国的区域规划不全是国家级区域规划，至少还存在省级区域规划等；当然，国外由联邦国家负责的区域规划和由其州负责的区域规划的规模、划界和组织方面会存在很大差异；国外主要发达国家如美国各地区没有政治权力来规划一个城市，但每个地区都独立制订计划，也就是事实上美国并没有一个强有力的广义的总体的区域规划体系。对于《欧洲空间发展展望》和《欧盟海洋空间规划指令》（EU Directive for Maritime Spatial Planning）等跨国规划的实施，虽然欧盟区域在《申根协定》区域内取消了内部边界，但欧盟区域内部协调显得困难重重，特别是英国脱欧和欧盟内部的差异性，无疑给其实施带来很多不确定性。

事实上，国外一些国家的区域规划体系是在已经建立了较为完备的区域规划法案的基础上实施的，且已经具体建立了区域规划按照不同空间尺度分工制定和实施的机制，例如德国联邦政府通过制定联邦区域规划法案，具体确定联邦规划项目；国家、联邦制州、地区又具体制定区域发展规划；相关区域制定区域规划；市级制定土地开发规划和有法律约束力的土地使用规划，各层级按照空间尺度（如从 1∶200000、1∶100000 到 1∶50000 不等，1∶1000 到 1∶500）分工明确，责任清楚（Mertins G. et al. , 2009）。不可否认，国外一些国家的区域规划体系在促进区域发展、区域协调和提高区域竞争力等方面起到了很大的推动作用，如具有典型意义的是德国的区域规划体系实施的作用相对明显，其制定的区域规划是具有前瞻性、超越地域和跨专业的空间整体规划，并能够在一定程度上兼顾州域内各城镇利益和协调各城镇规划之间的矛盾，保证规划承兑者不缺位，在一定程度上起到了对跨行政区利益共享的维护和协调的作用；同时依靠区域规划平台，德国的区域政策一般能够顺利制定和实施，也由于区域规划为法定规划，为区域之间的横向联合与合作提供了法律依据（黄冬慧，2013)[35]。当然，国外区域规划也存在诸多问题，特别是存在一些较难解决的问题（罗艳等，2016)[36]，如一些国家或地区的区域规划实施中存在如下主要问题：一是其范围较广，所跨行政区域较多，一般较难平衡；二是内容较为复杂，例如产业关系调整、基础设施和公共服务设施建设的协调较为困难，特别是利益冲突较为严重；三是法律保障较难均衡，因为各区域都有自己的实际问题，很难用统一的规划法规予以支持。

综上所述，国内外对于区域规划及其类型内涵的界定主要从其功能属性和行政区划的层级及跨行政区划的角度，不断丰富其功能属性、层次和类型，但各国或各区域由于自然的、经济的、社会的、文化和制度等发展历史的差异性，世界各国、各区域的区域空间规划体系类型多样、体系繁杂、实施问题较多，特别是各类区域规划的定义、区域规划体系及其内容和相互关系等方面存在较大差异。如何在理论和实践上进一步系统界定、梳理、建立和实施具有中国特色的区域规划体系，防止区域规划冲突或出现区域政策混乱，更好形成促进中国区域协调发展的强大合力，对于构建和实施具有中国特色的区域规划体系有着重要的理论意义和实践意义。

二、中国区域规划体系的现状、问题及原因

1. 中国区域规划体系的现状

改革开放以来特别是"九五"以来，我国先后至少17次对我国"四大战略区域"发展做出了重大部署，特别是"十一五"以来，我国先后出台了众多的类型多样的区域规划，仅狭义的国家级区域规划就近40个，与此同时，

中央政府共批准了100多个单个行政区发展规划，以及至少包括20类、600多个各种国家级开发区，另外省级的各种开发区也至少有1980个。这些众多不同区域空间上的规划中，国家级和省级的各种此类规划主要由中央政府和地方政府及各职能部门按照其职责和事权制定和实施，国家级区域规划是由中央政府批准，相关中央政府部门和地方政府督导或组织实施，但基本上是"上级批准，下级执行"。

目前，我国已有的关于区域规划体系的分类研究多数是从区域规划的功能和属性方面对其进行分类，部分从行政层级对其进行分类，也有从区域开发的过程角度将其划分为区域开发、建设和发展规划。事实上，我国区域规划的实践非常丰富，譬如各种类型的国家级经济技术开发区、国家级自贸区、边境和跨境经济合作区、旅游度假区、海关特殊监管区域等近20类各种开发区并没有作为广义的（特殊的）区域规划；另外，随着改革开放的深入发展，特别是"一带一路"愿景与行动和六大经济走廊的建设等，使我国已经进入了以国内大区域协同和国际多边、双边走廊合作为中心的国内外区域全面开放、合作新阶段（张满银，2019）[37]，这种双边和多边合作的愿景或行动并没有纳入更广义的区域规划体系中；当然，一般也不把独立行政区的规划作为特殊的区域规划来对待。

也就是说，中华人民共和国成立以来，我国并没有系统建立起具有中国特色的广义的区域规划分类体系，在实际实施中的区域规划基本上主要是专指跨行政区域的狭义的区域规划，并没有对不同空间尺度和具有不同功能属性的区域规划及其系统的分类体系给予足够的重视。

2. 中国区域规划体系存在的问题及原因

我国区域规划及其体系的实施虽然取得了很大成效，但也存在很多问题。从区域规划内容及其实施情况看，一是区域规划理论滞后，缺乏规划的科学性（李广斌等，2006；刘云中等，2013）[38][39]；二是区域规划之间空间重叠（张满银，2019）[37]，譬如仅就国家已经批准和实施的狭义的区域规划而言，特别是在长江三角洲及其周围地区、中原及其周围地区、东南地区及珠江三角洲及其周围等局部地区，事实上已被多个不同层次和不同类型的区域规划重复规划，这在一定程度上会造成一些区域规划之间打架；三是区域规划内容存在部分重叠的问题，各区域之间的规划内容趋同（牛慧恩，2004；刘云中等，2013）；四是基层地方执行力较差，区域规划彼此矛盾、相互冲突，呈现各行其是、各自为政的局面（牛慧恩，2004；李雪飞等，2006；李广斌等，2006）；五是区域规划的可操作性较弱，难以落实（李雪飞等，2006）；六是区域规划管理落后，缺乏统筹协调，整体处于无序状态，削弱了其实施的效能（李广斌等，2006；刘云中等，2013；肖金成等，2017）[38-40]。从区域规划体系及其实施情况看，一是没有在理论上建立起统一开放的区域规划体系，特别是在规划理论上并没有建立起系统的不同空间尺度上的区域规划体系，在实践中往往造成规划冲突和政策不协调；二是不同空间尺度上的区域规划在其实施中没有得到充分有效的分工和协同，大尺度的区域规划需要更好地为小尺度的区域规划提供依据，小尺度的区域规划需要更好地落实大尺度的区域规划，中尺度的区域规划需要更好地衔接和统一其规划的目标和有效实施的机制。我国区域规划体系实施中存在的诸多问题，极其不利于建立更加有效的区域协调发展新机制。也就是，尽管中国的规划已经发生了根本性转变，但仍有不少方面还不能很好适应建立完善的社会主义市场经济体制的要求（杨伟民，2019）。

中国特色区域规划体系构建及其存在的诸多问题，有其深刻的政治经济、社会文化和历史与现实的多种复杂原因，仅探究其体系构建本身存在问题的主要可能原因有以下几个方面：一是"条块"分割的各级和各部门规划行政管理体制，使不同空间尺度的区域规划缺乏充分的沟通和衔接，造成其重复、多头和不统一，甚至冲突，这在一定程度上并不利于建立起广义的、统一开放的区域规划体系；二是区域规划体系在理论上的不系统也往往会造成区域规划间的脱节或打架，当然科学的区域规划分类体系来源于区域规划实践的不断完善，特别是有赖于对有效解决其实施中存在的各种问题及其经验的总结和升华；三是我国区域规划体系理论上的研究与我国极其丰富的区域规划实践相脱节，具体表现为实践中丰富的区域规划类型并没有在其理论上的分类体系中得到充分的反映；四是受传统的跨行政区的规划才是区域规划概念的束缚，区域规划的范围受到了限制，也就是在顾及不同空间尺度的区域规划的特殊性时，又人为地割裂或忽视了其具有统一性的属性；五是我国普遍存在的"地方竞争"也是导致类型多样的区域规划存在的重要原因，除中央政府统一制定特定空间上的区域规划之外，实际存在的激烈的"地方竞争"客观上也促使地方政府向中央政府提出规划或批准规划的要求，譬如把省级的区域规划批准为国家级的区域规划。总的说来，我国区域规划体系理论大大滞后于我国区域规划实践的实际需求，这十分不利于国家和区域规划治理体系和治理能力的现代化。

三、构建中国特色的区域规划体系

中国区域发展的实践远远超越了人们对区域规划内涵、层次和类型的认识，中国区域经济改革、开放和发展的实际客观上迫切要求在理论上系统地构建和梳理具有中国特色的区域规划体系。在总结国内外关于区域规划的理论与实践经验的基础上，按照在不同空间尺度上发展规划的功能属性及其相互耦合关系，探索构建具有中国特色的区域规划体系，以期形成强大的中国区域规划体系的合力，是新时代建立更加有效的高质量区域协调发展新机制的重要任务。

区域规划的初心在于引导和协调特定区域的发展方向。区域规划本身的内涵和外延是一个不断深化和拓展的过程。其一是着眼于解决特定区域的落后、膨胀、萧条和衰退等问题（张可云，2005）；其二是促进全国的、地方的区域间及其区域内的合作，以应对全球竞争与挑战；其三是共同发起双边、多边区域合作的行动与愿景。

区域规划是对特定区域内的经济社会发展进行全面谋划和布局，以期解决区域内和区域间分工与协作或区域内和区域间发展的不平衡问题，是实现其经济效益、社会效益和生态效益有机统一的行动方案。区域规划往往具有战略性、地域性和综合性的特点。

构建中国特色区域规划体系的理论基础是马克思主义关于生产力均衡布局、协调发展和城乡融合发展的思想，以及马克思关于国际分工与协作的思想，是在具有中国特色的生产力均衡布局理论、区域经济非均衡发展理论、区域经济协调与协同发展理论、城乡统筹理论和新时代以人民为中心的平衡充分发展理论（安虎森等，2018）[41]指导下，是依据中华人民共和国成立后、改革开放和党的十八大以来我国国民经济和社会发展主要矛盾及国家发展中心工作的变化，通过对丰富而卓有成效的中国区域规划实践的总结和提炼而建立的能够持续促进中国区域协调发展的规划体系。

事实上，在国民经济发展的特定历史阶段，不同空间尺度的地域功能是相对稳定的，但特定空间尺度的区域功能和模式是有差异的，且不同空间尺度的区域经济发展是按照空间尺度的等级关系组织、协调和发展的。中国特色区域规划体系在引导和协调特定区域发展方向的同时，重在发挥不同空间尺度的各种特定区域规划的功能和协同作用，因为不同的区域特点及其不同的功能区域，需要统筹制定、实施和协同不同空间尺度的特定功能的区域规划。

中国特色的区域规划体系只有在把握不同空间尺度的区域空间结构的基础上，才能更好规划不同尺度的多维空间结构的发展战略和规划，任何讨论单一的、孤立的区域空间结构都是有局限性的，建立多尺度的区域空间规划体系是构建中国特色区域规划体系的重大任务。中国特色区域规划体系的建立就是立足于发挥不同空间尺度的地域功能，并追求实现不同空间尺度间的有效协同及其区域空间发展效益和人民福祉的持续提高和增进。这种地理尺度结构体系及其功能的有效发挥，具有不同空间尺度的规划体系结构的统一性及其在方法论上具有重要的价值。系统建立具有中国特色的经济地理尺度结构体系及有效发挥其协同功能，是构建中国特色区域规划体系的关键所在。按照区域规划的空间尺度和功能属性的不同，一般中国广义的区域规划包括跨国的多边区域发展愿景与行动和双边区域合作规划、跨省区市（包括跨地级区）的区域规划（包括城市群区域规划）和独立行政区规划、新区规划及各种功能开发区规划。狭义的严格意义上的我国的区域规划特指跨省区市（包括跨地级行政区）的区域发展规划。狭义的区域规划又包括战略区域规划和区域规划（包括城市群区域规划）。

1. 跨国的多边区域发展愿景与行动

跨国的多边区域发展愿景与行动是以共商、共建和共享为原则建立的跨多国区域的共同合作倡议，如 2013 年 9 月和 10 月，习近平主席在出访中亚和东南亚国家期间，先后提出共建"丝绸之路经济带"和"21 世纪海上丝绸之路"即"一带一路"的重大倡议之后，国家出台的《推动共建丝绸之路经济带和 21 世纪海上丝绸之路的愿景与行动》（2015 年 3 月），包括《中国—中南半岛经济走廊倡议书》（2016 年 5 月）和《建设中蒙俄经济走廊规划纲要》（2016 年 6 月）等。跨国的多边区域发展愿景与行动是多个国家开展区域性合作的共同愿望，旨在共同"促进经济要素有序自由流动、资源高效配置和市场深度融合，推动沿线各国实现经济政策协调，开展更大范围、更高水平、更深层次的区域合作，共同打造开放、包容、均衡和普惠的区域经济合作架构"。

2. 跨国双边区域合作规划

跨国双边区域合作规划是双方国家为寻求共同区域利益而制定的区域合作规划，如《中俄投资合作规划纲要》（2009 年 6 月）、《中华人民共和国政府与吉尔吉斯共和国政府关于两国毗邻地区合作规划纲要（2015—2020 年）》（2015 年 9 月）、《中巴经济走廊远景规划》（2017 年 12 月）等，旨在充分利用双边区域的比较优势，拓宽双边合作领域，提升双边区域贸易、投资、人文、生态环保等的合作、交流水平，包括提升毗邻地区互联互通的水平，实现跨国双边区域合作共赢。

3. 战略区域规划

战略区域规划是针对我国先后提出的四大战略区域编制的规划，即对我国西部地区、东北部地区、中部地区与东部地区而制定的战略区域规划，也就是这里的战略区域规划特指对我国国土空间的四大区域未来发展的谋划，从"九五"至今，我国先后出台至少 17 个针对四大战略区域的规划（或通知或意见），其中六个关于西部大开发的规划（或通知或意见）、五个关于东北地区振兴的规划（或通知或意见）、四个关于中部崛起的规划（或通知或意见）和两个关于东部领跑的专门针对海洋经济区发展的规划（见表 2 - 1）。

表 2 - 1 "九五"以来我国四大战略区域规划（或通知或意见）

时期	战略区域规划（或通知或意见）
"九五"	《国务院关于实施西部大开发若干政策措施的通知》2000 年 10 月
"十五"	《国务院关于进一步推进西部大开发的若干意见》2004 年 3 月
"十一五"	《中共中央国务院关于促进中部地区崛起的若干意见》2006 年 4 月 《西部大开发"十一五"规划》2007 年 1 月 《东北地区振兴规划》2007 年 8 月 《国务院关于促进中部地区崛起规划的批复》2009 年 9 月
"十二五"	《西部大开发"十二五"规划》2012 年 2 月 《东北振兴"十二五"规划》2012 年 3 月 《国务院关于大力实施促进中部地区崛起战略的若干意见》2012 年 8 月 《全国海洋经济发展"十二五"规划》2012 年 9 月
"十三五"	《中共中央国务院关于全面振兴东北地区等老工业基地的若干意见》2016 年 4 月 《国务院关于深入推进实施新一轮东北振兴战略加快推动东北地区经济企稳向好若干重要举措的意见》2016 年 11 月 《东北振兴"十三五"规划》2016 年 11 月 《国务院关于促进中部地区崛起"十三五"规划的批复》2016 年 12 月 《国务院关于西部大开发"十三五"规划的批复》2017 年 1 月 《全国海洋经济发展"十三五"规划》2017 年 5 月 《关于新时代推进西部大开发形成新格局的指导意见》2019 年 3 月
小计	17

资料来源：作者根据中国共产党新闻网（http：//cpc. people. com. cn）、中华人民共和国国家发展和改革委员会网站（http：//www. ndrc. gov. cn）、中华人民共和国中央人民政府网（http：//www. gov. cn）等网站整理，截至 2019 年 10 月 15 日。

4. 区域规划

（狭义的）区域规划是指除战略区域规划以外的跨省区市（包括跨地级行政区）的区域规划。中华人民共和国成立以来，从"一五"时期至"十三五"时期（截至 2019 年 9 月 10 日），中央政府批准或批复的区域规划（或决定、通知）至少有 61 个，其中"十一五"时期以来由中央政府批准或批复的、由国家发改委主管的区域规划至少有 40 个。另外，《京津冀协同发展规划纲要》（2015）、《长江经济带发展规划纲要》（2016）、《粤港澳大湾区发展规划纲要》（2019）已经成为国家的重大区域规划。我国从"一五"至"三五"期间、"五五"至"七五"期间、"七五"至"九五"期间，就分别对跨行政区域的发展问题进行了具体部署，特别是"十五"后的"十一五"以来，我国至少 50 多次针对重点区域实施了区域规划或类区域规划。

5. 独立行政区发展规划

独立行政区发展规划即单个行政区发展规划，是指只涉及一个行政区域范围的发展规划。2006 年以来，中央政府共批准了 100 多个单个行政区发展规划。此类规划与区域规划的突出不同点是只涉及一个独立的行政区域，本质上属于地方规划（张可云，2011）。这种独立行政区规划既是制定本区域内国民经济和社会发展长期规划、五年计划、年度计划和域内其他规划的基本地域单元规划，也是实施跨区域发展规划的基本空间组织单元，是制定和实施其他区域空间规划的基础和依托。

6. 新区规划

新区规划是在原来独立的旧有城区之外规划新建的，以区别于原有老城区功能的，具有新型城市景观的，且具有相对独立性和完整性的新城区规划。新城区规划是大城市即母城优化功能空间布局，产业转型发展，有效解决大城市病诸如人口膨胀、交通拥堵、住房困难、环境恶化、资源紧张和物价过高等各类社会发展矛盾，寻求创新城市经济增长方式的行动方案，但如何避免大城市新区发展"摊大饼"，实现产业转型更有效、产城与区域更融合、新区功能和特色更彰显，是新区规划（包括建设和发展）中需要着重解决的重大问题。目前，国家级城市新区规划有 19 个，包括上海浦东新区、青岛西海岸新区、天津滨海新区、重庆两江新区、浙江舟山群岛新区、甘肃兰州新区、广东南沙新区、陕西西咸新区、贵州贵安新区、大连金普新区、四川天府新区、湖南湘江新区、南京江北新区、福州新区、云南滇中新区、哈尔滨新区、长春新区、江西赣江新区、雄安新区。

7. 各种开发区规划

各种开发区规划指由国务院和省、自治区、直辖市人民政府批准在特定区域实施的，实行特定优惠政策的具有创新功能的各类开发区。国家级各种开发区主要包括国家级经济技术开发区、高新技术产业开发区、国家级自贸区、国家级自主创新区、边境和跨境经济合作区、旅游度假区、投资区（包括投资开发区）、循环经济试验区、科技工业园、制造产业园、互市贸易区、金融贸易区、经济开发区，以及保税区、出口加工区、保税港区、综合保税区、保税物流园区等海关特殊监管区域，即近 20 类各种开发区，目前全国共有 2583 个，其中国家级的各种开发区约 603 个（见图 2－1），省级的各种开发区至少有 1980 个。

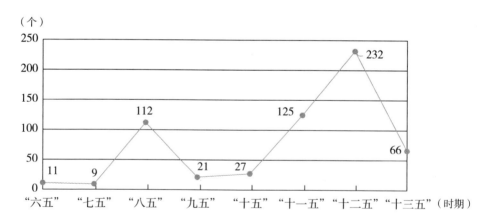

（个）

图 2－1　"六五"至"十三五"时期（截至 2019.9.12）国务院批准设立的开发区

资料来源：中国开发区网（http：//dz.china.com.cn），作者分别于 2017 年 4 月和 2019 年 9 月整理。

我国从"六五"时期到"十三五"时期至今，先后设立了各种开发区，特别是"七五"至"九五"期间的"八五"时期，以及"十五"至"十三五"期间的"十一五"时期和"十二五"时期，是我国大规模建立开发区的两个重要时期。总的说来，我国具有各种功能的开发区规划为各区域的创新发展提供了强大的推动力，但一些开发区存在自主创新能力不足、产业层次低，且没有形成国际竞争力等问题。

前面按照不同空间尺度和功能属性划分和梳理的至少七类广义和狭义的区域规划，是我国区域规划体系的重要有机组成部分。中国特色的区域规划体系是科学分工、互为支撑、互为补充、统一开放和协同有力的规划体系，其战略区域规划是国家为实现其宏观战略目标而确定的对重大区域未来发展的总体谋划；其区域规划是对特定时空范围内的跨行政区域的经济社会发展进行的区域分工与合作的统一部署；其跨国双边区域合作规划和跨国的多边区域发展愿景与行动是以合作共赢为目的的双边或多边各自国内区域发展的国际化的合作倡议；其独立行政区规划、新区规划及其他各种功能区规划不属于狭义范围的区域规划，但它属于广义范围的区域规划，其中独立行政区规划是单个行政区发展的基础性发展规划，也是其自身区域发展及组织和推动其他不同空间尺度和功能的区域发展的具有实施明确的唯一主体性和责任性的规划；一般新区规划是老城区发展在新区域上的突破，旨在新空间上实现城市区域的创新发展；一般（小空间尺度的）各种开发区规划是嵌入在独立行政区或跨行政区的具有创新、试验、保护和示范等功能的"创新区域"，其本质上是想寻求、创造和培育形成区域内或跨区域发展的新动力。

这种不同空间尺度和功能属性的区域规划尺度等级结构体系具有其一定的相对稳定性和动态变化的有机统一性，其立体的多维的区域规划尺度等级结构体系的各层次上下、左右即各规划尺度间结构及尺度间关系需要不断在实践中丰富和不断在理论上系统优化，是一个需要经常的、自觉的、互动的和适配的协同过程，这种不同空间尺度的区域规划等级体系绝不像俄罗斯套娃那样，它是在国民经济和区域经济发展的特定历史阶段，其区域规划尺度等级结构体系会由于国民经济和区域空间的生产和转型的阶段不同，出现的一定程度的空间尺度和结构上的分异、重组和重塑，也就是这种不同程度的区域规划体系的等级和层面是离散的、不断变化和可塑的，其空间尺度和功能特性是不断变化的。这种广义的不同尺度的区域规划范围的相对精确化和其功能的相对精准性的界定，给广义区域规划的类型区和实施的政策区的适配提供了方法论上的依据或支持。另外，在中国国民经济和社会发展与空间规划体系中，这种具有中国特色的区域发展规划体系要正确处理好与国民经济和社会发展总体规划的统领和专项规划的支撑关系，也要特别处理好与国土空间规划体系的辩证关系，即发展规划是空间规划的统领、内容和依托，空间规划是发展规划的基础、表现和约束。这种具有不同空间尺度和不同功能属性的广义的区域发展规划，共同构成了全面有机协调统一的具有中国特色的区域规划体系。

四、对建成中国特色区域规划体系的建议

1. 切实全面形成不同空间尺度的多层次、多类型、全面分工协同和有机协调统一的区域规划体系

也就是要形成战略区域规划、区域规划、独立行政区规划和新区规划及其他各种功能开发区规划，以及跨国双边区域合作规划和跨国的多边区域发展愿景与行动在内的不同空间尺度的多层次、多类型区域规划之间，科学分工、互为支撑、互为补充、统一开放和协同有力的广义区域发展空间规划结构体系。其中，小空间尺度的各种功能开发区规划是区域经济、城市经济乃至国民经济发展的"创新动力区"，城市新区规划是承担国家重大发展和改革开放战略任务的"辐射带动区域发展的综合功能区"，独立行政区发展规划是组织和推动

国民经济发展的"基本行政单元区",也是组织和推动各种尺度区域间协作或协同发展或一体化发展的"基本行政单元区",狭义的区域规划是解决跨行政区划的"协同发展区域",(狭义的)战略区域规划的区域是我国"板块协调发展区域",双边和多边区域是"共同合作区域"或"共同愿景或行动区域",也就是建成全面有机协调统一的具有中国特色的区域空间规划结构体系即是其"创新动力区""综合功能区""基本行政单元区""协同发展区域""板块协调发展区域"及国际性"共同合作区域"或"共同愿景或行动区域"之间,形成不同尺度的科学分工、互为支撑、互为补充、统一开放和协同有力的区域空间发展规划结构体系。这样有利于进一步把国家重大发展战略、重大发展规划、重大发展政策、重大发展倡议等的主要目标、重点任务、重大工程项目和重大措施,具体贯彻落实在不同空间尺度上的各层次的各类型的区域发展规划上,这是建立各种空间尺度区域规划分工和其功能协同的根本途径,也是避免各种广义区域规划冲突的根本方法,这是形成我国区域规划体系强大合力的适应新时代国家全面深化改革、全面对外开放和合作的重大客观现实需求。

2. 切实全面耦合不同空间尺度的多层次、多类型的各级各类区域规划体系的时空范围、目标、任务、措施和政策

也就是原来已经实施的或将要实施的不同空间尺度的多层次、多类型的广义区域发展规划体系的空间范围、规划期限、规划目标、规划任务、规划措施和保障政策需要进一步整合和耦合,即包括中国的战略区域规划、区域规划、独立行政区规划、新区规划和各种功能开发区规划,以及双边区域合作规划和多边区域发展愿景与行动在内的多层次、多类型区域空间规划,进一步形成一个有机协调、有机融合和有机协同的区域规划结构体系。在兼顾区域规划统一性的前提下,要避免规划之间的"重叠"或"混战",避免区域规划之间的规划范围、规划目标、规划任务、规划措施和保障措施等内容的互相重叠甚至互不衔接、互不协调,避免不同空间尺度的各级政府调控和配置资源的重叠或掣肘。

另外，在我国过去一些地区开发区数量过多甚至过滥的背景下，加上土地、环境和市场等的多重约束，各级各类开发区转型升级的压力很大，客观上更需要整合、衔接不同空间尺度的不同层次和不同类型的区域规划，客观上更需要切实建立起科学分工、互为支撑、互为补充、统一开放和协同有力的具有中国特色的不同尺度的区域规划实施体系。由于"规划是未来发展的宪法"，在市县"多规合一"试点和推广的实践中，进一步整合或耦合不同空间尺度的多层次、多类型的各级各类区域规划体系和其他空间规划的规划范围、规划期限、规划目标、规划任务、规划措施和保障政策就显得更为急迫。事实上，只有形成我国全面有机协调统一的包括区域规划体系在内的国家发展规划和空间规划实施体系的强大合力，才能够更好地贯彻和落实习近平总书记在党的十九大报告中提出的坚定"实施区域协调发展战略"的重大任务，才能更好"发挥国家发展规划的战略导向作用"。

参考文献

［1］Schmidt S. , Buehler R. The Planning Process in the US and Germany：A Comparative Analysis ［J］. International Planning Studies，2007，12（1）：55 – 75.

［2］Akimoto F. The Birth of "Land Use Planning" in American Urban Planning ［J］. Planning Perspectives，2009，24（4）：457 – 483.

［3］Mertins G. , Paal M. Regional Planning within The German Institutional Planning Framework – Instruments and Effectiveness ［J］，Research and Development，2009，17（2）.

［4］Kadiri W. A. Attempts at Regional Planning ［R］. Paper presented at the 2010 Edition of the NITP/TOPRECMCPDP. Abuja，2010. 6.

［5］Taleshi M. , Bisheii S. Spatial Planning Approach：An Efficient Pattern for Accessing Territorial Sustainable Development Case Study：European Spatial Planning

［J］. OIDA International Journal of Sustainable Development, 2015, 8（10）: 37 – 42.

［6］Burns F. , Eaton M. A. , Gregory R. D. , et al. State of Nature Report, The State of Nature Partnership［R］. 2013.

［7］Adamsa V. M. , Alvarez – Romero J. G. , et al. Making Time for Space: The Critical Role of Spatial Planning in Adapting Natural Resource Management to Climate Change［J］. Environmental Science & Policy, 2017, 74（8）: 57 – 67.

［8］Matthews T. , Marston G. How Environmental Storylines Shaped Regional Planning Policies in South East Queensland, Australia: A Long – term Analysis［J］. Land Use Policy, 2019, 85（6）: 476 – 484.

［9］Kayden J. S. National Land – use Planning in America: Something Whose Time Has Never Come ［J］. Washington University Journal of Law and Policy, 2000（3）: 445.

［10］Gawroński K. , Van Assche K. , Hernik J. Spatial Planning in the United States of America and Poland［J］. IEEE, 2010.

［11］Bolton Roger . A Review of Regional Planning in America: Practice and Prospect ［J］. Journal of the American Planning Association, 2012, 78（1）: 113 – 114.

［12］李远. 联邦德国区域规划的协调机制［J］. 城市问题, 2008（3）: 92 – 101.

［13］Commission E. Land – use Planning and Management in The EU ［Z］. 2005.

［14］Commission E. The EU Compendium of Spatial Planning Systems and Policies United Kingdom ［Z］. 2000.

［15］袁源琳, 韩雅敏等. 日本国土空间规划体系特征及启示［C］. 活力城乡美好人居——2019 中国城市规划年会论文集（04 城市规划历史与理

论），2019.

[16] 张莹，尹彤，陈衡军. 国外空间规划用地分类研究及其对我国的启示 [J]. 测绘标准化，2017 (4)：1 – 5.

[17] 李亚洲，刘松龄. 构建事权明晰的空间规划体系：日本的经验与启示 [J]. 国际城市规划，2019 (3)：1 – 14.

[18] 胡序威. 区域与城市研究 [M]. 北京：科学出版社，1998.

[19] 牛慧恩. 国土规划、区域规划、城市规划——论三者关系及其协调发展 [J]. 城市规划，2004 (11)：42 – 46.

[20] 陆大道. 中国区域发展的理论与实践 [M]. 北京：科学出版社，2003.

[21] 崔功豪，魏清泉，刘科伟. 区域分析与区域规划 [M]. 北京：高等教育出版社，2006.

[22] 李友生. 区域规划在城乡统筹协调发展中的地位与作用 [J]. 中国建设信息，2006 (1)：38 – 42.

[23] 毛汉英. 新时期区域规划的理论、方法与实践 [J]. 地域研究与开发，2005 (6)：1 – 6.

[24] 余颖，唐劲峰. "城乡总体规划"：重庆特色的区域规划 [J]. 规划师，2008 (4)：69 – 71.

[25] 李雪飞，张京祥，赵伟. 基于公共政策导向的区域规划研究——兼论中国区域规划的改革方向 [J]. 城市发展研究，2006 (5)：23 – 28.

[26] 黄莉，宋劲松. 实现和分配土地开发权的公共政策——城乡规划体系的核心要义和创新方向 [J]. 城市规划，2008 (12)：16 – 32.

[27] 赵沁，蒋晶晶. 浅析中国新时期区域规划特点及其背后的经济意义 [J]. 城市探索，2011 (11)：16 – 17.

[28] 周毅仁. "十一五"期间我国区域规划有关问题的思考和建议 [J]. 地域研究与开发，2005 (3)：1 – 5.

[29] 孙承平,李鲁静,王东升.区域规划、产业转型与区域发展——2010年"十二五"区域规划学术研讨会观点综述 [J].中国工业经济,2010(7):146-151.

[30] 韩晶.区域规划理论与实践 [M].北京:知识产权出版社,2011.

[31] 董震.我国沿海区域规划的发展历程和未来展望 [J].海洋开发与管理,2017(5):26-32.

[32] 胡序威.中国区域规划的演变与展望 [J].地理学报,2006(6):585-592.

[33] 张可云.区域规划应更有层次感 [N].环球时报,2017-01-23.

[34] 杨伟民.改革规划体制,更好发挥规划战略导向作用 [J].中国行政管理,2019(8):6-8.

[35] 黄冬慧.德国区域规划的经验启示 [J].国土规划,2013(11):86-88.

[36] 罗艳,秦玉.美欧区域规划实施案例透视 [J].城市管理与科技,2016(2):74-76.

[37] 张满银.建国70年中国区域规划的回顾与展望 [J].工业技术经济,2019(10):6-13.

[38] 李广斌,王喜,王勇.我国区域规划存在问题及其调整思考 [J].地域研究与开发,2006(5):10-13.

[39] 刘云中,侯永志,兰宗敏.我国"国家战略性"区域规划的实施效果、存在问题和改进建议 [J].重庆理工大学学报(社会科学),2013(6):1-5.

[40] 肖金成,黄征学.未来20年中国区域发展新战略 [J].财经智库,2017(5):41-67.

[41] 安虎森,孙久文,吴殿廷.区域经济学 [M].北京:高等教育出版社,2018.

第三章 中国区域规划实施评估问题探究

全面实施区域协调发展战略[1]，更好发挥国家发展规划的战略导向作用，这是新时代贯彻新发展理念，建立现代化经济体系，全面建设社会主义现代化强国的重大战略任务。在国家发展和空间规划体系里，区域规划占有十分重要的地位，它是中央政府和地方政府发展国民经济和区域经济介于"两只手"之间的重要"抓手"之一。全面、系统地建立、实施和评估区域规划体系是有效落实区域协调发展战略，更好发挥国家发展规划的战略导向作用的重要手段和支撑。

中华人民共和国成立以来，我国中央政府批准或批复实施的跨区域的规划、战略、纲要和愿景至少达到60多个，其中仅"十一五"以来（截至2019年9月10日）中央政府已经批准或批复的国家级区域规划就至少达到40个。在国家深入实施区域协调发展战略与规划的伟大实践中，研究具有中国特色的区域规划实施评估的理论方法、机制等重大问题，对于进一步推进、完善和提高区域规划和区域政策的实施成效，全面贯彻和落实习近平总书记提出的坚定"实施区域协调发展战略"[1]和更好"发挥国家发展规划的战略导向作用"[1]，具有十分重要的紧迫性。

一、中国区域规划实施评估的现状

中国区域规划实施评估机制的建立始于"十一五"时期前,主要开展于"十二五"时期,有待完善和规范于"十三五"及"十四五"时期。

1. "十五"时期开始对区域性中心城市总体规划进行检讨、回顾和评估,并明确中国要实行包括区域规划在内的规划评估制度

2001年以来,深圳、广州、长沙、余姚、汕头、南京、无锡等城市开始对城市规划进行探索性评估,促使城市总体规划的实施评估从总体规划中独立出来。2005年10月22日,国务院出台了《国务院关于加强国民经济和社会发展规划编制工作的若干意见》(国发〔2005〕33号),在建立我国三级三类规划管理体系的基础上,明确我国要实行规划评估制度。要求经评估或者因其他原因需要对规划进行修订的,包括总体规划涉及的特定领域或区域发展方向等内容有重大变化的,要求专项规划或区域规划也要相应调整和修订。

2. "十一五"后期相继开展对主要区域性城市总规的实施进行评估

2009年,建设部颁布了《城市总体规划实施评估办法(试行)》(建规〔2009〕59号),要求"城市人民政府应当按照政府组织、部门合作、公众参与的原则,建立相应的评估工作机制和工作程序,推进城市总体规划实施的定期评估工作",要求"要将依法批准的城市总体规划与现状情况进行对照,采取定性和定量相结合的方法,全面总结现行城市总体规划各项内容的执行情况,客观评估规划实施的效果"。之后,全国主要区域性城市相继开展了城市总体规划实施评估工作,将规划实施评估工作推向了一个新的台阶,其评估的方法主要采用传统的定性评估和指标对比评估的方法,在实践层面积累了一些经验。

3. "十二五"中后期开始对区域规划进行中期和后期评估，并先后提出了明确的规范性评估要求

首先，对已经实施的区域规划进行了中期评估试点，并陆续委托第三方开展中期、中前期和中后期评估。之前，特别是 2012 年 9 月，国家发展和改革委员会批复《关于在山东省和广西壮族自治区开展区域规划和政策性文件实施中期评估试点的复函》（发改办地区〔2012〕2734 号），同意山东和广西两省区分别就黄河三角洲高效生态经济区发展规划、广西北部湾经济区发展规划实施进行中期评估试点，特别是在 2014 年，集中对关中—天水经济区发展规划、江苏沿海地区发展规划、辽宁沿海经济带发展规划、中国图们江区域合作开发规划纲要——以长吉图为开发开放先导区、鄱阳湖生态经济区规划、皖江城市带承接产业转移示范区规划、全国海洋经济发展"十二五"规划进行了中期评估，其中对促进中部地区崛起规划进行了五年评估；2015 年继续开展了对长江三角洲地区区域规划、成渝经济区区域规划、中原经济区规划（2012—2020 年）、国务院关于支持赣南等原中央苏区振兴发展的若干意见实施情况的中期评估；之后如 2016 年开展了对黄河三角洲高效生态经济区发展规划、丹江口库区及上游地区经济社会发展规划、海峡西岸经济区发展规划、武陵山片区区域发展与扶贫攻坚规划（2011—2020 年）的中期评估。就评估的周期来看，2014 年至今对实施了 5 年左右的约 20 多个区域规划进行了多数属中期和少部分属于中前期和中后期的评估。

其次，对区域规划评估提出了明确的规范性要求。2015 年 7 月，国家发展改革委经国务院同意，印发了《国家级区域规划管理暂行办法》（发改地区〔2015〕1521 号），对规划评估、评估结果和规划修订提出了管理办法。2018 年 11 月 18 日，发布了《中共中央国务院关于建立更加有效的区域协调发展新机制的意见》，要求"进一步健全区域规划实施机制，加强中期评估和后期评估"，"对实施到期的区域规划，在后期评估基础上，确需延期实施的可通过修订规划延期实施，不需延期实施的要及时废止"，并要"建立区域发展监测

评估预警体系"。2019 年 5 月 15 日,《中共中央国务院关于统一规划体系更好发挥国家发展规划战略导向作用的意见》(中发〔2018〕44 号)要求,要"健全实施机制,确保规划有效落实,按照谁牵头编制谁组织实施的基本原则,落实规划实施责任,完善监测评估,强化分类实施,提升规划实施效能"。要"加强规划实施评估,规划编制部门要组织开展规划实施年度监测分析、中期评估和总结评估,鼓励开展第三方评估,强化监测评估结果应用"。要求其中期评估要分析国内外发展环境出现的新变化新要求,重点评估其实施进展情况、存在问题,并提出建议。要求国家级区域规划评估的结果要向审批主体报告。这将既有利于对区域规划实施的规范化管理,又有利于后续对已经实施的区域规划进行有效的评估和再评估,有利于提高其实施的成效。

　　4. 区域规划实施评估的成果推动了区域规划的修编

　　结合区域规划中期和后期评估的结果,为区域规划的重新修订、编制提供了重要的依据,譬如对于《广西北部湾经济发展规划》和《皖江城市带承接产业转移示范区规划》,国家发改委及时出台了《国家发展改革委关于修订广西北部湾经济发展规划的复函》和《国家发展改革委关于修订皖江城市带承接产业转移示范区规划的复函》等文件,并提出了相应的具体修订要求,要求结合国内外发展环境出现的新变化,按照新的"四个全面战略布局,牢固树立创新、协调、绿色、开放、共享的新发展理念","紧紧抓住实施'一带一路'建设、长江经济带发展和新十年促进中部地区崛起战略等重大机遇",要求新的区域规划期的展期和内容要与其他规划相衔接。

　　可见,及时开展对区域规划实施成效的评估,对进一步修订和更好实施区域规划起到了积极的推动作用。当然,从对区域规划实施评估的具体实践来看,中国区域规划实施评估的理论、方法和内容等有待于在今后做进一步的总结、提高和优化。

二、存在的主要问题

我国众多区域规划的实施虽然取得了重要成效，但就区域规划实施评估的全部构成内容及全过程来看，我国区域规划实施评估仍然存在诸多问题。

1. 目前区域规划实施评估的主体单一

从区域规划实施评估的组织主体看，目前第三方评估是最主要的评估方式。但从 2012 年以来，在目前统计的已评估过的 17 个区域规划中，其中 15 个由一家央企咨询公司承担其评估任务，其余由两所大学的研究院或评估组完成。相对单一的评估主体极易造成单调的程式化的评估流程，需要在一定程度上使第三方评估的主体多元化，需要在区分区域规划的类别及区域规划实施所涉及的直接利益主体和间接利益主体的情况下，探讨自我评估、委托评估和公众评估相结合的方法。

2. 有待出台区域规划实施评估的标准和方案

区域规划实施评估的标准和方案是有效开展区域规划实施成效评估的行动指南，是区域规划完成成效评估的先决条件。目前，我国尚未完全厘清区域规划实施评估主体、方法、程序等的设定标准和使用标准，仅靠行政命令对区域规划评估进行指令性管控，事实上加大了区域规划实施评估的难度。虽然我国区域规划实施评估方案的起草已纳入日程，但未来出台还要假以时日。

3. 需要持续创新区域规划实施评估的方法

自 2012 年我国区域规划实施评估以来，就总体而言，对主要指标的评估侧重于定量分析，对任务目标的评估侧重于定性分析，对重大项目的评估侧重于定量和定性分析相结合。但是，在区域规划实施评估中需要在充分利用已有统计数据及相关资源的基础上，充分利用互联网、大数据分析等手段，目前诸如 GIS 工具及其计量地理方法运用的较少，导致对区域规划实施评估缺乏空间维度的信息，事实上造成对区域规划实施成效的评估不够全面。

4. 亟待规范区域规划实施评估的内容及指标体系

目前，区域规划实施评估的内容主要以评估主要发展目标的实现程度为主，需要进一步加强对区域规划实施的重点任务完成情况评估和重点项目进展情况评估，特别是需要重视对区域规划发展环境变化及影响的评估。另外，即使对同类型的区域规划，也没有相对统一的区域规划实施评估的指标体系，且评估的指标体系需要进一步突出区域规划本身的特点和作用。更重要的是，这些众多制定和实施于不同时期的各种区域规划，在国家和特定区域发展战略发生新的变化的情况下，其实施评估的内容和指标体系需要结合其实施成效评估的结果，在下一轮区域规划的修订、调整和优化中加以进一步考虑和完善。

5. 亟待进一步建立、扩展和优化区域规划实施评估的机制

目前，虽然明确由国家发改委作为主管部门牵头开展评估工作，且初步建立了评估反馈机制，但评估步骤、程序尚需进一步明确，且评估开展、评估报送审批、评估反馈机制等尚未完全理顺，这在一定程度上会影响区域规划实施评估的效率。需要在明确区域规划实施评估周期的基础上，进一步建立起评估准备阶段、开展评估阶段和结果应用阶段之间有机协调其责任主体、内容和任务的完全评估机制，需要对跨国的多边区域发展愿景和双边区域合作规划、国家总体战略区域规划、城市群区域规划、国家级新区和开发区等不同类型的区域规划制定实施评估的程序，建立科学有效的实施评估机制，也就是说，我国区域规划实施评估的机制仍存在较大的改进空间。

6. 需要提高区域规划实施评估成果的运用效率

目前存在的主要问题有四个：一是缺乏对区域规划实施评估结果的认定标准；二是没有建立起对区域规划评估结果应用的有效机制，没有明确区域规划实施评估结果的应用范围；三是没有建立起对区域规划评估的后管理机制，包括其退出、更新和修订等；四是没有建立起区域规划实施评估结果的公开机

制，缺乏社会参与和监督的渠道。

三、全面构建区域规划实施评估体系

有效解决区域规划实施评估中存在的问题，需要构建科学的区域规划实施评估体系，即需要科学界定区域规划实施评估的主体、实施评估的标准和方法，特别是需要科学界定区域规划实施评估的内容、指标体系和评估周期，主要实现"基于一致性"和"有效性"基础上的"基于全面成效"的对区域规划实施进行系统性评估。

1. 科学确定区域规划实施评估的组织主体、标准和方法

（1）健全区域规划实施评估的组织主体。区域规划实施评估的组织主体主要有直接利益关系主体即区域规划的制定者和实施者，以及无直接利益关系的主体如独立的第三方。其中第三方评估主要包括"专家学者第三方""专业公司第三方"和"社会组织第三方"。一般区域规划实施评估的组织主体主要采取自我评估、委托评估和公众评估等形式。在具体实施评估中需要这些评估主体及其评估人员在职业和学科构成方面进行有机搭配[2]。

区域规划实施评估的自我评估通常是区域规划牵头制定和实施的政府部门进行的评估，可以得到最为直接的评估结果。事实上，区域规划实施的自我评估是一种非常重要的评估形式，但由于对区域规划实施效果评估的实质是对政府政绩的评价，政府部门既是区域规划的制定者，又是区域规划的组织和实施者，如果只进行自我评估，会使其评估报告的公信力和应用价值有所缺失。

区域规划的委托评估通常是由区域规划实施的政府部门或监督部门以课题的方式定向委托或公开招标专家学者和研究机构，被委托方按照政府部门或监督部门的评估要求完成评估任务。事实上，在一定程度上独立的专业的第三方

评估机构或课题组在宏观形势和政策的把握、与上层规划衔接、规划评估经验的积累、视野的开阔程度、评估方法的科学运用等方面，往往能够较为显著地提升区域规划评估报告的公信力和执行力。

区域规划的公众评估是由政府部门或监督部门委托相关机构面向专家、学者和公众开展社会调查，旨在了解公众对区域规划实施的意见。如通过问卷调查，广泛听取社会各界对区域规划实施效果的评价意见，使评估结果充分反映广大民意，这样能够进一步提高区域规划实施的公众参与度。

事实上，对于区域规划实施评估若采取自我评估、委托评估和公众评估相结合的方法，符合国际上对于公共政策评估的做法和趋势。

（2）科学确定区域规划实施评估的标准。区域规划实施评估标准是衡量其实施成效的准则，其评估准则的确定既要直接体现区域规划本身的特点，又要直接体现区域规划本身的价值判断和目标。区域规划实施评估的标准应依规划功能的不同而不同，但客观与公正应当始终是规划实施全过程评价的首要标准；当然，区域规划实施评估中的成效评价标准并非唯一，如不同国家或地区对规划实施中政府绩效的价值判断就往往不同[3]，也就是说，区域规划实施评估的标准往往存在理性的多元标准。

目前，区域规划评估大多还是主要依据规划文本中的原设目标和指标作为评估标准，但从众多实施中的区域规划的目标和指标的具体表现看，其规划目标和使用指标的差异很大。确定区域规划实施评估的标准，可以从众多实施中的区域规划中提炼或抽象出区域规划实施评估的共性标准和其具有特殊性的标准。

科学的区域规划实施评估的标准通常是基于"一致性"和"有效性"基础上的完全成效评估标准。完全成效评估的标准包括完全质量标准、完全效益标准、完全效率标准和完全效果标准，其核心是完全质量标准。区域规划实施评估的完全质量标准包括区域规划实施评估的起点质量标准、实施过程质量标准和实施结果质量标准，其中区域规划实施评估的起点质量标准即针对区域规划文本本身或规划方案的质量所提出的评估标准。区域规划实施评估的起点质量标准包括其规划方案的规范性、科学性、经济性和实施的可能性；区域规划实施评估的过程质量标准包括实施主体的责任标准、实施任务标准和进度标准；区域规划实施结果质量标准包括基于一致性的完成度标准、完全效益标准和完全效果标准等。

（3）合理选择区域规划实施评估的方法。区域规划实施评估的方法很难直接照搬国际通行的评估方法，如投资－收益分析（Cost－benefit Analysis，CBA[4]）、规划平衡表（Planning Balance Sheet，PBS[5]）、多属性分析法（Multi－criterion Analysis，MCA[6]）和政策计划或项目的实现过程（Policy－plan/Programme－implementation－process，PPIP[7]）、评估结构性行为的方法（Methods for Evaluating Actions of a Structural Nature，MEANS[8]）及计划实施评估（Plan Implementation Evaluation，PIE[9]）等方法，但可以借鉴譬如世界银行"十步法"、清华大学国情研究中心"规划蓝图－实施情况"一致性评估等方法，另外可以尝试使用模糊综合评判法、灰色综合评价法和基于BP神经网络的评估方法。在对区域规划实施成效的评估中，需要注重综合评估与重点评估相结合、过程评估与效果评估相结合，以及系统分析评估和层次分析评估相结合；需要利用空间分析模型与方法，借助于GIS等软件，具体对区域规划实施的空间成效进行分析。

2. 科学确定区域规划实施评估的内容、指标体系和评估周期

（1）合理确定区域规划实施评估的内容。根据区域规划的特点，区域规划实施评估的规范内容框架主要包括：一是区域规划主要发展目标实现程度评估；二是区域规划重点任务完成情况评估和重点项目进展情况评估；三是区域规划实施存在的主要问题与原因分析；四是区域规划发展环境变化及影响评估。

（2）科学设置具有区域规划实施评估特点的指标体系。根据区域规划的初衷即主要是实现特定区域的经济发展、社会发展和生态环境的改善，实现其

对特定区域的协调发展和对国民经济的带动作用，借鉴国内外的经验，结合区域规划实施评估的规范内容要求，特别是其中对区域规划主要发展目标实现程度评估的需要，其主要评估的目标包括"经济目标""社会目标""生态环境目标"和"区域协同与带动目标"四大类一级指标，又分为 12 个二级指标和 47 个三级指标，其中 47 个三级指标可以根据区域规划的类型，特别是根据国家级和省级区域规划的不同类型进行适当选择。

区域规划实施评估的指标属性具体分为预期性指标和约束性指标，其中经济类、社会类和区域协同与带动类指标以预期性指标为主，资源利用类和环境发展类指标以约束性指标为主。

区域规划实施评估的主要经济目标指标体系具体包括 4 类 15 个指标（见表 3 - 1），分别评估特定区域规划实施的经济水平、经济结构、经济效益和经济外向性。

表 3 - 1   区域规划实施评估的主要经济目标指标体系

一级指标	二级指标		三级指标	属性
经济指标	1. 经济水平指标	1	GDP（亿元）	预期性
		2	人均 GDP（元）	预期性
		3	财政收入（亿元）	预期性
		4	城镇居民人均可支配收入（元）	预期性
		5	农村居民人均纯收入（元）	预期性
		6	全社会固定资产投资（亿元）	预期性
	2. 经济结构指标	7	三次产业结构比重（A: B: C）	预期性
	3. 经济效益指标	8	规模以上工业利税总额（亿元）	预期性
		9	产值利税率（%）	预期性
		10	工业成本费用利润率（%）	预期性
	4. 经济外向指标	11	进出口总额（亿美元）	预期性
		12	实际利用外资总额（亿美元）	预期性
		13	人均出口额（元）	预期性
		14	实际利用外资占 GDP 比重（%）	预期性
		15	外贸进出口增长率（%）	预期性

区域规划实施评估的主要社会目标指标体系具体包括 3 类 14 个指标（见表 3－2），分别评估特定区域规划实施的人口发展、科教水平和基础设施建设水平。

表 3－2　区域规划实施评估的主要社会目标指标体系

一级指标	二级指标	三级指标		属性
社会指标	1. 人口发展指标	1	总人口（万人）	预期性
		2	三项基本医保参保率（%）	预期性
	2. 科教水平指标	3	研发经费占地区生产总值比重（%）	预期性
		4	科技进步贡献率（%）	预期性
		5	财政性教育经费支出占 GDP 比重（%）	预期性
	3. 基础设施水平指标	6	铁路营运里程（公里）	预期性
		7	高速公路里程（公里）	预期性
		8	二级以上公路占总里程比重（%）	预期性
		9	内河货运运输量（万吨）	预期性
		10	沿海港口吞吐量（亿吨）	预期性
		11	民航旅客吞吐量（万人次）	预期性
		12	发电装机容量（万千瓦）	预期性
		13	（固定）互联网宽带接入用户（万户）	预期性
		14	信息化综合指数（%）	预期性

区域规划实施评估的主要生态目标指标体系具体包括 2 类 12 个指标（见表 3－3），分别评估特定区域规划实施的资源利用水平和环境发展水平。

表 3－3　区域规划实施评估的主要生态目标指标体系

一级指标	二级指标	三级指标		属性
生态指标	1. 资源利用指标	1	人均耕地面积（亩）	约束性
		2	每万元 GDP 能耗（吨标准煤）	约束性
		3	单位 GDP 能耗下降（%）	约束性
		4	每万元 GDP 用水量（立方米）	约束性

续表

一级指标	二级指标		三级指标	属性
生态指标	2. 环境发展指标	5	森林覆盖率（%）	约束性
		6	城市生活污水处理率（%）	约束性
		7	城市垃圾无害化处理率（%）	约束性
		8	主要污染物排放总量降低（%）	约束性
		9	化学需氧量排放量（万吨）	约束性
		10	氨氮排放量（万吨）	约束性
		11	二氧化硫排放量（万吨）	约束性
		12	氮氧化物排放量（万吨）	约束性

区域规划实施评估的主要区域协同与带动目标指标体系具体包括 3 类 6 个指标（见表 3 – 4），分别评估特定区域规划实施的区域协同发展、区域城乡统筹和区域带动。

表 3 – 4　区域规划实施评估的主要区域协同与带动目标指标体系

一级指标	二级指标		三级指标	属性
区域协同与带动指标	1. 区域协同发展指标	1	区域产业结构差异化指数	预期性
		2	人均 GDP 的地区差距：泰尔指数	预期性
	2. 区域城乡统筹指标	3	城市规模分布指数	预期性
		4	城乡居民收入差距（元）	预期性
	3. 区域带动指标	5	规划区经济总量占国家（或省区市）经济总量比重（%）	预期性
		6	核心区经济总量占本规划区经济总量比重（%）	预期性

（3）合理划分区域规划实施评估的周期。区域规划实施评估周期可具体划分为区域规划实施的年度监测、中期评估和总结评估三个不同的阶段和类型，其中区域规划实施评估的年度监测需要针对特定区域规划设置关键年度监测指标，实施评估时需具体完成区域规划年度监测报告；一般要对区域规划的

实施进行中期评估，要形成或发布区域规划实施的中期评估报告；区域规划实施的总结评估需遵循"按时、按量、按质"的要求全面评估区域规划实施的成效，需及时完成和发布区域规划实施的总结评估报告，并为下一轮区域规划的修订、实施或终止提供依据。

在区域规划实施评估的实际过程中，由于不同空间尺度的区域规划实施时期和评估时点与国民经济和社会发展总体规划实施的时期和节点有所差异，虽然不同区域规划实施的起点时间不同，但后续对区域规划实施、评估和调修的时期和节点要和国民经济和社会发展总体规划实施的时期和节点逐步趋于同步。因为国民经济和社会发展总体规划是对国民经济和社会发展的统领性规划，在区域空间上落实国民经济和社会发展总体规划客观上需要同步对原有实施的区域规划进行调整和修订，当然这种调整和修订也要按照区域规划的特点进行调修。这样更有利于与国民经济和社会发展总体规划相衔接，更有利于更好落实国家重大战略与重大规划，也更有利于坚定"实施区域协调发展战略"。

四、切实建立更加有效的区域规划
实施评估运行机制

区域规划实施评估体系的全面实施，需要建立起科学的、更加有效的区域规划实施评估的运行机制。建立和有效运行区域规划实施评估的机制，就是其实施评估的组织体系及其组织主体之间，在责任分工明确和评估基础信息健全的基础上，按照其评估的阶段性和内容要求，旨在实现其评估体系的全面协同、持续优化和有效运行的状态。一般有效的区域规划实施评估运行系统与机制的基本框架即按照"3阶段和9步骤"及其构成运行，也就是其评估准备阶段、开展评估阶段、结果应用阶段和其具体构成系统之间，有机协调和落实其责任主体、内容和任务的全过程。

1. 区域规划实施评估的准备阶段

这一阶段要对区域规划实施评估工作进行整体部署。一是要明确评估目标和内容，即要明确提出针对特定区域规划实施评估的总目标和具体任务，并提出分阶段的区域规划实施评估的阶段性目标和阶段性任务，并确定相应的评估内容和重要的时间节点等。二是成立评估组织机构，即根据区域规划实施评估的方法，确定区域规划实施评估工作的责任部门，如果采取委托评估，还需要选择和确定第三方评估机构。三是制订评估方案，因为区域规划实施评估方案是其评估实施的依据和内容，它直接影响评估活动能否顺利展开和评估质量的高低。其评估方案具体包括：评估主体，也就是要明确区域规划实施评估的组织主体即确定"谁来评估"，是采取自我评估，还是委托评估，还是采取自我评估结合委托评估；评估对象，即要明确阐述区域规划实施评估的对象，明确指出区域规划实施评估什么；评估目的，即要明确区域规划实施评估的目的和意义，评估目的决定评估的基本方向，解决的是为什么进行评估的问题；评估标准，也就是要对规划实施做出价值判断，评估标准通常体现为评估指标体系，国内外的实证研究大多还是依据规划文本中的原设指标进行评价，当然可以根据区域规划实施环境和条件的变化，增加新的判断标准；评估方法，也就是采取什么手段来评价区域规划实施的成效，主要根据评估目标、评估内容确定科学合理的评估方法；评估的时间，即要确定评估的时间和工作进度；评估经费，即要确定评估经费的筹措和用途等。也就是区域规划实施评估主体、评估对象、评估目的、评估标准、评估方法、评估的时间和评估经费保障等方面共同构成一个系统完整的区域规划实施评估方案。

2. 区域规划实施的开展评估阶段

这一阶段是区域规划实施评估的关键阶段。一是要选择评估指标，主要是确定能够量化的评估指标体系，而且这些指标要有数据支撑。二是要全面收集信息，即利用各种调查手段，全面收集区域规划制定、实施、影响和效果等方面的信息，包括统计数据、工作绩效数据和公众评估数据等。能否获取全面、准确的区域规划实施及其评估的信息是区域规划实施评估的关键，区域规划实施评估的过程既是数据信息的收集过程，也是数据信息的处理过程。为了保证所获信息具有全面性、系统性和准确性，需要综合采用各种科学方法来获取信息，如查阅统计资料法、实际调查法、实验法、开座谈会和征求专家意见等。三是综合分析、处理信息和撰写评估报告，即在收集信息的基础上，对那些有关区域规划实施评估的原始数据和信息资料进行系统的统计、整理、归类和分析，得出客观公正的区域规划实施评估的结论，并征求相关部门及专家和公众的意见，并形成评估报告。当然，评估报告除了对区域规划实施成效进行客观陈述、对规划进行价值判断、提出政策建议以外，还应包括对其评估过程、评估方法和评估中的一些重要问题进行必要的说明，也要对区域规划实施评估工作进行全面总结。

3. 区域规划实施评估的结果应用阶段

这一阶段是区域规划实施评估报告的使用阶段。一是要提交评估报告，也就是区域规划实施评估组织者须把形成的评估报告提交给同级人大常委会和实际部门，使之了解特定区域规划实施的最终成效。二是要公布评估报告，也就是要按规定在适当时候向社会通报。三是要落实评估报告，即要落实评估报告中的建议和措施，甚至要根据区域规划实施的效果决定区域规划的修订和终止等，其评估结果和实施效果要成为对相关责任主体绩效考核的依据。这一阶段要结合前面两阶段存在的问题、经验和改进意见，直接指导或体现在对下一轮区域规划实施评估的全过程中。

建立更加有效运行的区域规划实施评估机制是一种有计划、分阶段的系统运行过程，也就是其评估准备阶段、开展评估阶段和结果应用阶段及其构成之间首尾相连、整体推进、持续改进其评估质量的循环和再循环过程。科学、有效地确定和建立区域规划实施评估的运行机制：一是需要及时、有效解决区域规划实施评估中存在的问题，参照或基本按照国民经济和社会发展五年规划的周期定期评估和修订特定区域规划。二是需要不断完善区域规划实施评估的理论、方法和机制，切实建立、充实和完善区域规划实施评估的理论体系，重点优化评估方法、评估指标、评估标准、评估方式、评估程序和评估机制，真正实现区域规划实施评估的内部一致性、垂直一致性和水平一致性。三是区域规划的实施要具有权威性，形成和建立部门间和区域内部间的任务和目标具体落实的协同机制，各种资源要素要及时保障到位，要及时出台规划实施的配套政策，其相应的管理体制要调整到位[10]。四是要保证这种评价的独立性，而且其评价的机制是以量化的方法设计[11]。五是要切实建立起区域规划实施中的分工、协作机制和监督奖惩机制[12]。六是需要逐步实现由对狭义区域规划实施的评估过渡到对广义区域规划体系实施的评估，因为经济活动的空间是一个由点到线到面再到立体式发展的过程，在对狭义区域规划实施评估的基础上，逐步过渡到对广义区域规划实施体系的评估，也就是要逐步对跨国的多边区域发展愿景和双边区域合作规划、国家总体战略区域规划、城市群区域规划和国家级新区和各种功能开发区等广义的不同类型的区域规划进行全面评估，且不断提高各种类型区域规划实施评估的质量及其成果的综合应用水平。

坚定"实施区域协调发展战略"，这是习近平总书记在党的十九大报告中提出的一项重大战略任务。全面总结、提炼、优化和科学建立中国区域规划实施评估的理论、方法和机制，在基于一致性和有效性评估的基础上，按照区域规划实施评估的完全质量标准，切实提高中国区域规划实施、评估和修订的质量和成效，不断有效解决中国区域规划实施评估中的重大理论问题和实践问题，按时、保质、保量做好对我国区域规划的实施评估工作，是全面有效贯彻和落实"实施区域协调发展战略"的重要措施和重要保障。

参考文献

[1] 习近平. 决胜全面建成小康社会，夺取新时代中国特色社会主义伟大胜利－在中国共产党第十九次全国代表大会上的报告［EB/OL］. http://

www. xinhuanet. com//politics/19cpcnc/2017 – 10/27/c_ 1121867529. htm，2017 –
10 – 27/2018 – 11 – 01.

［2］（美）彼得·罗西，霍华德·弗里曼，马克·李普希. 项目评估：方
法与技术（第6版）［M］. 北京：华夏出版社，2002：24.

［3］相伟. 我国发展规划评估的理论与方法研究［M］. 北京：经济科学
出版社，2012：165 – 166.

［4］McAllister D. Evaluation in Environmental Planning［M］. Cambridge
MA：MIT Press, 1982：36 – 44.

［5］Lichfield N. Where Do We Go from Here?［A］// Voogd H. Recent De-
velopments in Evaluation. Groningen, Netherlands：Geopress, 2001：91 – 109.

［6］Oliveira V. , Pinho P. Evaluation in Urban Planning：Advances and Pros-
pects［J］. Journal of Planning Literature, 2010, 24 (4)：343 – 361.

［7］Alexander Faludi. Planning and Plan Implementation：Notes on evaluation
criteria［J］. Environment and Planning B：Planning and Design, 1989, 16 (2)：
127 – 140.

［8］European Commission. MEANS Collection：Evaluating Socio – economic
Programmers［M］. Luxembourg：Official Publications Office of the European Com-
munities, 1999：18 – 25.

［9］Laurian L. , Day, M. , Backhurst M. , et al. What Drives Plan Imple-
mentation? Plans Planning Agencies and Developers［J］. Journal of Environmental
Planning and Management, 2004, 47 (4)：555 – 577.

［10］中国工程咨询学会. 发展规划咨询理论方法和实践［M］. 北京：
中国计划出版社，2014：232 – 233.

［11］张可云. 区域经济政策［M］. 北京：商务印书馆，2005：390.

［12］杨伟民. 发展规划的理论和实践［M］. 北京：清华大学出版社，
2010：97.

第四章 国家级区域规划实施评估问题、方法与机制探究

国家级区域规划是国家发展规划中的重要组成部分，是国家进行国民经济宏观调控的重要"抓手"之一，是以跨区域经济社会发展为对象编制的发展规划，既是重大国家战略和国家总体规划在特定区域的细化落实，又是重大国家战略和国家总体规划的支撑，也是国家指导特定区域发展、制定相关政策及编制区域内省（自治区、直辖市）级总体规划、专项规划的重要依据。

"十一五"以来，中央政府已经批准或批复（仅就国家发展和改革委员会主管）的国家级区域规划至少有 40 个，这些国家级区域规划实施的成效需要采取及时、有效的科学方法对其进行评估，但由于我国过去长期存在"重编制，轻评估"的现象，对于诸如谁来评、评什么、怎么评，以及如何建立科学、有效的实施评估机制等问题，目前在理论和实践上仍处于探索阶段，还没有形成系统的理论成果和可用于指导实际评估的操作指南。研究和建立国家级区域规划实施评估的理论和方法、内容和机制，按时、保质、保量做好对国家级区域规划实施评估的工作，切实提高国家级区域规划实施的成效，对于更好贯彻和落实习近平总书记提出的"发挥国家发展规划的战略导向作用"具有重要的紧迫性。

一、国家级区域规划实施评估回顾

1. 对国家级区域规划实施理论研究的回顾

我国实施的国家级或省级区域规划主要是在 20 世纪 20~30 年代的重点城市规划与工矿区规划的基础上逐渐发展起来的。早期实施的区域规划与国土规划基本不做区分（胡序威，1998）[1]，只是在地域范围和类型上使区域规划的范围和多样性有所欠缺，但随着区域规划实践的逐渐深化，进一步认识到区域规划是对规划区域未来的设想，是一种理想状态及其实施方案的选择过程，是一个比较长远而全面的发展构想，是描绘区域未来经济建设的蓝图（崔功豪等，2006）[2]。区域规划将成为引领我国区域经济科学发展的指南，也成为国家战略布局和区域发展政策的一个重要工具；国家级区域规划主要是由中央有关部门提出和制定的，但有些是地方主动提出并获得中央部门批准的，这种上下互动出台的区域规划不仅进一步明确了特定区域发展的目标和方向，而且中央部门也负有监督区域规划实施的责任（陈耀，2010）[3]。当前国内普遍存在重规划结果、轻规划过程、忽视规划实施评估和反馈调整的现象；建立完善的区域规划评估制度既是提高区域规划工作质量的手段，也是改进社会决策、保障区域科学发展的需要；不论区域规划本身多么科学合理，都必须根据区域规划运行过程中出现的新情况加以调整；一个好的区域规划，也应该具有相当的弹性，允许在实践中修正和完善（吴殿廷等，2012）[4]。从 20 世纪末，区域经济就受到各级政府和学界的重视，无论是从理论还是从实践角度看，特定城市或区域依据其发展历史、现状和内部条件及外部环境的变化，确定、调整其发展方向都是值得肯定的（张可云，2018）[5]。也就是说，区域规划的实施是特定区域发展的行动指南，其范围、内容和实施的成效是一个不断拓展和提高的过程。

我国不同时期实施的国家级区域规划的重点及其规划体系在不断完善和健全。20世纪80年代初，致力于编制和实施地区国土开发整治规划；20世纪80年代中后期，主要编制和实施经济协作区区域规划；20世纪90年代，重点编制和实施大经济区区域规划；2000年至今，重点编制和实施不同层级与区域发展总体战略相衔接的区域规划（段娟，2014）[6]，其中在"十一五"规划中，强调对主体功能区的划分，即将我国国土空间划分为优化开发、重点开发、限制开发和禁止开发四大类地区，这对中国区域规划的创新产生了重要影响，为今后丰富和完善区域规划理论体系、区域规划内容、区域规划的空间体系构建、区域规划与其他空间规划的融合，以及对区域规划的实施将提供有力的保障（方忠权和丁四保，2008）[7]。樊杰和郭锐（2015）[8]认为，在面向"十三五"规划时，需要重新审视我国的区域战略、规划和政策，这是我国区域治理体系的重要组成部分；需要创新区域政策体系，采用类型区和政策区两个维度共建我国区域政策体系，即用两个维度选择国家级的区域政策单元，构建国家层面的区域政策体系；要更加注重约束型、限制性政策的运用，进一步完善国土空间开发格局，适应国土空间精细管理的要求，进一步促进区域治理体系和治理能力的提高。

我国国家级区域规划的实施取得了很大成就，但也存在相当多的问题。例如，区域规划管理存在按照不同行政区划分块管理的现象，各管理部门间的管理权限也较为模糊，不同空间尺度和不同区域类型之间的区域规划冲突严重，大大削弱了区域规划实施的效能；区域规划理论滞后，区域规划管理落后，严重影响了区域规划决策的科学性和实施的可行性（李广斌等，2006）[9]。根据发达国家区域管理经验，目前我国的区域规划还不尽完善，需要在区域规划制度、区域规划规范和区域规划实施机制等方面不断完善（张可云，2010）[10]。制定和出台国家级区域规划必须立足于国家的整体战略，能够引导规划区域内各主体一致行动，建立有效的区域协调机制是区域规划实施的关键（陈耀，

2010)。我国区域发展中存在的突出问题是区域差距严峻、产业结构滞后和环境约束增强等，需要从区域发展总体战略、区域规划和主体功能区等方面提出解决这些问题的策略（孙久文和胡安俊，2011）[11]。近年来出台实施的国家战略性区域规划缺乏统筹考虑、规划内容趋同和多头管理，也存在注重政府和轻视市场、方法欠科学和规划的实施机制缺失等实际问题；在我国区域规划实施的具体过程中，存在政策碎片化、普惠化和非动力化等问题，今后区域规划的实施应在国家总体规划的指导下，要重视区域政策的个性化，注重大区域间的协调发展和区域协调机制的建立，强化各规划间的有效衔接（丁任重和陈姝兴，2015）[12]。我国区域发展差距较大，欠发达区域经济仍然落后，仍然存在板块利益格局日趋固化、地区间封锁、无序开发和产能过剩等问题，区域管理不能适应新形势和新要求，区域协调发展的机制有待完善，需要在国家层面加强对其统筹协调（肖金成和黄征学，2017）[13]。在区域规划实施中，没有特别关注区域规划过程中的层次问题，这在一定程度上会引起政策的混乱，例如，京津冀地区和长江三角洲地区的范围就曾多次发生过变化，甚至由同一个国家职能部门出台的同一区域不同版本的区域规划所涉及的范围曾出现过不一致的现象；对区域规划的内涵、分类、制定规范、操作程序与评价机制等，目前尚无共识；区域规划必须在制定主体、对象、程序、执行、监督与评价等方面进行完善，需要注意根据区域规划的目的，具体确定规划的框架与重点，切忌雷同（张可云，2018）。在未来的区域规划实施中，区域的经济政策和经济体制要相互配套，要依靠区域自身的发展，着力提升区域竞争力和区域的发展质量（丁任重和陈姝兴，2015）。我国区域规划实施中存在的诸多问题，最终会影响特定区域规划实施的成效，需要进行系统研究和评估，当然这种评价的独立性能够得到保证，而且评价的机制是以量化的方法设计（张可云，2005）[14]，也就是需要提出切实可行的、有针对性的解决措施。

2. 对国家级区域规划评估实践的回顾

我国对国家级区域规划实施的评估，可以追溯到"十五"时期末，即

2005 年 10 月 22 日，国务院出台了《国务院关于加强国民经济和社会发展规划编制工作的若干意见》（国发〔2005〕33 号），明确在建立我国三级三类规划管理体系的基础上，要建立规划（包括区域规划在内）的评估制度。要求规划编制部门要在规划实施过程中适时组织开展对规划实施情况的评估，及时发现问题，认真分析产生问题的原因，提出有针对性的对策建议；且要求适时对规划进行调整和修订，特别是总体规划涉及的特定领域或区域发展方向等内容有重大变化的，专项规划或区域规划也要相应调整和修订。

我国对国家级区域规划实施的评估，主要开展于"十二五"时期及其之后，其评价结果推动了区域规划的进一步修订和实施。2012 年 9 月，国家发展和改革委员会批复《关于在山东省和广西壮族自治区开展区域规划和政策性文件实施中期评估试点的复函》（发改办地区〔2012〕2734 号），同意山东和广西两省区分别就国家级区域规划即黄河三角洲高效生态经济区发展规划、广西北部湾经济区发展规划实施进行中期评估试点。之后，如 2014～2016 年分别对实施了 5 年左右的 16 个区域规划进行了多数中期和少部分属于中前期和中后期的评估，并陆续委托第三方开展评估；2017 年至今，相继对大约 9 个已经实施了 5 年以上的区域规划进行中后期评估。其中，2015 年 7 月 4 日国家发展改革委印发了《国家级区域规划管理暂行办法》（发改地区〔2015〕1521 号）的通知，提出了对国家级区域规划评估、评估结果应用和规划修订的要求。通过对已经实施的国家级区域规划的评估，进一步促进了对国家级区域规划的再修订和再实施，如 2014 年国家发改委出台了《国家发展改革委关于修订广西北部湾经济发展规划的复函》（发改地区〔2014〕2409 号），以及《国家发改委关于修订皖江城市带承接产业转移示范区规划的复函》（发改地区〔2016〕1628 号）等文件。

"十三五"中后期，党中央、国务院对国家级区域规划的实施评估提出了明确的要求。2018 年 11 月，在《中共中央国务院关于建立更加有效的区域协调发展新机制的意见》中，要求"进一步健全区域规划实施机制，加强中期评估和后评估"，要"建立区域发展监测评估预警体系"；2019 年 5 月，《中共中央国务院关于统一规划体系更好发挥国家发展规划战略导向作用的意见》（中发〔2018〕44 号）进一步明确要求，"加强规划实施评估，规划编制部门要组织开展规划实施年度监测分析、中期评估和总结评估，鼓励开展第三方评估，强化监测评估结果应用"，目的是使国家级区域规划管理工作更加规范化和制度化，以期进一步加强国家级区域规划的编制、实施和评估工作。这是建立和规范国家级区域规划实施评估理论研究和实践的纲领性文件。

当然，从对国家级区域规划实施评估的具体实践来看，中国区域规划实施评估的理论、方法和内容等有待于在今后做进一步的总结、提高和优化。事实上，迄今为止，我国还没有建立起系统的对于国家级区域规划实施评估的标准、内容、方法和机制体系，尚处于国家级区域规划实施评估实践的探索阶段，其理论上存在诸多盲点，迫切需要针对国家级区域规划实施和评估中存在的重大问题，系统地加以研究和解决。

二、国家级区域规划实施评估存在的主要问题

1. 评估的组织体系不健全

目前，我国还没有建立起自我评估、委托评估和公众评估有机分工与配合的国家级区域规划实施评估体系。国家级区域规划的自我评估，通常是由国家级区域规划的牵头编制和组织实施部门如国家发展和改革委员会所进行的自我评估。2012 年以来，从国家级区域规划实施评估的组织主体看，就其中已评估过的 17[①] 个国家级区域规划中，有 15 个由一家央企工程咨询公司承担其评

---

① 包括下面注释[②]中的前 13 个区域规划，以及促进中部地区崛起规划、国务院关于支持赣南等原中央苏区振兴发展的若干意见、全国海洋经济发展"十二五"规划和中原经济区规划等。

估任务，其余 2 个国家级区域规划由两所大学评估或研究。也就是说，目前第三方评估是国家级区域规划最主要的评估方式，然而，真正具有独立意义的国家级区域规划委托评估是独立于国家级区域规划编制主体、实施主体和受益主体的第三方评估机构，事实上，目前缺乏真正具有独立意义的第三方评估机构。另外，还需要吸收公众对国家级区域规划实施成效的评估意见。国家级区域规划的自我评估、委托评估（包括政府部门委托评估或全国人大委托评估等）和公众评估，需要在国家级区域规划的起点评估（包括规划的规范性评估和科学性评估）、过程评估（包括监测评估、阶段性评估）和结果评估中进行合理分工与合作。

2. 评估的内容体系不系统

国家级区域规划实施评估的内容具有一定的"共性"；当然，对于特定的国家级区域规划评估的内容，往往也具有一定的"特殊性"。根据对我国"十一五"至"十三五"时期已经实施的其中 39① 个国家级区域规划内容的统计，39 个国家级区域规划涉及的规划内容约 30 项，其中多数涉及的规范内容有区域发展的指导思想、战略定位、发展目标、空间布局、产业发展、基础设施、生态环境、社会建设、开放合作、保障措施等，当然不同性质的区域规划有不同的具体规划内容。国家级区域规划实施评估的内容体系不一定完全根据相应

---

① 《广西北部湾经济区发展规划》《关中—天水经济区发展规划》《江苏沿海地区发展规划》《辽宁沿海经济带发展规划》《中国图们江区域合作开发规划纲要——以长吉图为开发开放先导区》《黄河三角洲高效生态经济区发展规划》《鄱阳湖生态经济区规划》《皖江城市带承接产业转移示范区规划》《长江三角洲地区区域规划》《海峡西岸经济区发展规划》《成渝经济区区域规划》《武陵山片区区域发展与扶贫攻坚规划（2011—2020 年）》《丹江口库区及上游地区经济社会发展规划》《山东半岛蓝色经济区发展规划》《浙江海洋经济发展示范区规划》《河北沿海地区发展规划》《陕甘宁革命老区振兴规划》《福建海峡蓝色经济试验区发展规划》《哈长城市群发展规划》《成渝城市群发展规划》《长江三角洲城市群发展规划》《川陕革命老区振兴发展规划》《皖江城市带承接产业转移示范区规划（2015 年修订)》《中原城市群发展规划》《北部湾城市群发展规划》《关中平原城市群发展规划》《呼包鄂榆城市群发展规划》《兰州—西宁城市群发展规划》《淮河生态经济带发展规划》《汉江生态经济带发展规划》《中原经济区规划（2012—2020 年)》《赣闽粤原中央苏区振兴发展规划》《晋陕豫黄河金三角区域合作规划》《洞庭湖生态经济区规划》《珠江—西江经济带发展规划》《左右江革命老区振兴规划》《长江中游城市群发展规划》《大别山革命老区振兴发展规划》《环渤海地区合作发展纲要》。

规划文本的内容进行评估。从国家级区域规划实施评估的角度看，国家级区域规划实施评估的"共性"内容框架应该是相对统一的，至少应该包括区域规划实施的组织是否健全、政策安排是否到位、主要发展目标的实现程度、区域空间布局和城乡统筹情况、重点任务完成情况、存在问题及建议等，当然，也应该包括评估其发展环境变化对国家级区域规划实施的影响程度。另外，对于同类型的区域规划，一般要求有"共性"统一的区域规划实施评估的内容体系；当然，对于不同类型的区域规划，客观上要求有体现其"特殊性"的评估内容。目前，国家级区域规划实施评估的内容体系往往根据特定规划文本的内容进行评估，其评估的内容体系有待完善。

3. 评估的方法需要创新

根据对主要国家级区域规划实施评估的方法研究，目前，对国家级区域规划实施评估主要是采取基于规划文本设定的目标，评估其实施结果是否一致的评价方法，虽然这是国家级区域规划实施评估的重要方法之一，但是往往由于存在规划的目标和责任没有事先层层分解和落实，因此这种评估方法的结果难以和国家级区域规划实施主体的绩效直接挂钩，会出现"有规划，但找不到具体谁负责"的情况，实际导致无法对政府部门实施绩效进行考核。对于国家级区域规划设置的评估指标也存在不科学、不系统的问题，甚至出现类似于国民经济和社会发展规划的评估体系，并没有提出体现区域规划特点的评价考核体系，这在一定程度上影响了国家级区域规划实施评估的效果。另外，对国家级区域规划实施评估中需要探索使用诸如 GIS 工具，增加对国家级区域规划实施评估的空间维度成效评价的信息，如进行空间定量可视化分析；也需要增加和提高国家级区域规划实施评估过程的透明度和公众参与度，适时通过媒体报道和征求公众意见。

4. 评估的指南及机制有待出台和优化

目前，我国有待出台国家级区域规划实施评估的指南。国家级区域规划实施评估的指南是指导国家级区域规划实施评估行动的依据和导引，对于规范其评估活动、评估质量和实现其评估作用至关重要。目前，我国尚没有对国家级区域规划实施评估的组织主体、行为、方法、周期、程序等设定标准，主要靠行政命令对其进行指令性管控，加上国家级区域规划实施评估的复杂性和其准确评估的艰巨性，使进一步提高国家级区域规划实施评估成效的难度加大。

需要进一步优化国家级区域规划实施评估的机制。目前，虽然明确由国家发展和改革委员会作为主管部门牵头开展国家级区域规划实施评估的工作，且初步建立了评估反馈机制，但需要进一步建立起国家级区域规划评估准备阶段、开展评估阶段和结果应用阶段之间有机协调和形成其责任主体、评估内容和任务分解等的完全评估机制，也就是说，我国对于完善国家级区域规划实施评估的机制仍有较大的改进空间。

三、国家级区域规划实施评估的方法

按时、保质和保量评估国家级区域规划的实施成效，需要准确把握国家级区域规划的战略性、全局性和关键性的特点，需要系统规范和健全其评估方法，并切实建立起更加有效的国家级区域规划实施评估的机制。

1. 切实健全实施评估的组织体系

为了更好体现国家级区域规划的战略性、全局性和关键性的特点，国家级区域规划实施评估的组织体系主要包括中央政府自我评估、中央政府委托评估、全国人大委托评估、自我评估与委托评估相结合和公众评估。如果部分或个别国家级区域规划的评估方式采用全国人大委托评估，其独立的第三方评估机构要接受最高权力组织主体即全国人大的委托，被委托方为委托方全国人大负责，不受政府部门的制约，能够较为显著地提升国家级区域规划实施评估报告的执行力和公信力。

(1) 中央政府自我评估国家级区域规划，通常是由国家发展和改革委员会牵头组织，且可以得到最为直接的评估结果。事实上，自我评估是一种非常重要的评估形式，但由于区域规划实施效果评估的实质是对政府政绩的评价，政府部门既是国家级区域规划的制定者，又是国家级区域规划的组织和实施者，如果只进行自我评估，会使国家级区域规划实施评估报告的公信力和应用价值有所缺失。

(2) 中央政府委托评估国家级区域规划，通常由中央政府以课题研究的方式委托给第三方研究咨询机构（如智库和大学等专业化评估机构或团队），被委托方按照中央政府的评估要求完成评估任务，这一形式能在目前现行体制下达到一定程度的相对独立性，使评估结论相对真实可信。

(3) 全国人大委托评估国家级区域规划是由全国人大委托独立的专业的第三方评估机构评估，这种独立的专业的第三方评估机构在宏观层面的形势和政策把握、与上层规划衔接、规划评估经验的积累、视野的开阔程度、评估方法的科学运用等方面，往往能够较为显著地提升国家级区域规划评估报告的质量。这种采用独立的专业的第三方评估机构接受最高权力机构即全国人大委托评估的方法，能够较为显著地提升国家级区域规划评估报告的公信力和执行力。

(4) 公众评估国家级区域规划是由政府部门委托相关机构面向专家、企事业单位和公众开展社会调查，旨在了解公众对国家级区域规划实施情况的评估。通过问卷调查，广泛听取社会各界对国家级区域规划实施效果的评价意见，使评估结果反映广大民意，进一步提高国家级区域规划实施的公众参与度。

对于国家级区域规划实施的评估采取的自我评估和委托评估与公众评估相结合的方法，也符合国际上对于公共政策评估的做法和趋势。在国家级区域规划实施的起点评估、过程评估和结果评估中，国家级区域规划的自我评估、委托评估（包括政府部门委托评估和全国人大委托评估等）和公众评估，需要进行合理分工与配合，一般国家级区域规划实施的起点评估即对规划方案的评估，需要委托独立的第三方进行科学性及合规和合法性的评估；国家级区域规划实施的过程评估主要包括动态监测评估、中期评估、阶段性评估和后期评估或总结性评估，一般以政府部门自我评估为主，当然，对于特殊的重大战略性的国家级区域规划的实施评估，一般需要由全国人大或政府部门委托独立第三方进行评估。只有有效建立起自我评估、委托评估和公众评估有机分工与配合的国家级区域规划实施评估的体系，才能更好地有效评估国家级区域规划的实施成效。

2. 切实明确实施评估的周期和任务

国家级区域规划本身的全生命周期包括其制定、实施、评估和修订等几个基本阶段。一般国家级区域规划实施评估的周期主要包括年度监测、中期评估和总结性评估等不同的阶段和类型。

（1）年度监测是中期评估、总结性评估等的基础和关键。一是需要建立、运行和维护国家级区域规划实施评估监测的信息化平台，特别是收集、整理和健全监测评估的数据库；二是监测其实施的组织体系、主体责任和任务分工是否落实到位；三是监测其关键指标、重点任务和重点项目的进展；四是监测其实施和政策跟进的保障情况；五是对年度监测中发现的问题，及时提出应对的措施；六是完成国家级区域规划实施的年度监测报告。

（2）中期评估是在其年度监测的基础上进行的、更为全面的、时间过半的阶段性评估：一是重点评估规划实施提出的主题和主线、发展理念、战略定位、区域发展空间布局的落实情况；二是评估其发展目标、重点任务和重大工程项目完成的进度、质量和预算的完成效果；三是评估其组织保障和区域政策安排的到位程度，特别是评估政府职责范围内的重要事项；四是评估其实施中存在的主要问题，以及发展环境变化对国家级区域规划实施的影响，并提出推进实施的建议等；五是形成国家级区域规划实施的中期评估报告，并以适当形式反馈规划实施主体及相关部门，且按要求上报国家发展和改革委员会、国务院、全国人大；六是发布国家级区域规划实施的中期评估报告等。一般国家级区域规划实施中期评估的时点和数据截止到中期年的 6 月 30 日或 12 月 31 日。

（3）总结性评估是在其年度监测和中期评估的基础上，在规划期结束时对其实施情况的全面总结，即全面评估其实施完成的成效。一是重点评估其实施对总体要求的贯彻程度；二是全面评估其内容和指标体系实施完成的一致性和成效；三是全面分析其实施存在的主要问题和原因；四是全面评估发展环境变化对国家级区域规划实施的影响；五是提交总结评估报告，且以适当形式反馈规划实施主体及相关部门，并报国务院发展和改革部门及定期汇总规划评估报告，上报国务院；六是根据评估组织主体的不同，有的重大国家级区域规划的总结性评估报告按要求提交全国人大常委会审议和报送党中央；七是按规定发布国家级区域规划实施的总结评估和审议报告，并为推动下一轮国家级区域规划的调整、修订和再实施提供依据等。一般国家级区域规划实施总结评估的时点和数据截止到终期年的 12 月 31 日。

3. 系统规范确定实施评估的重点内容

国家级区域规划的实施评估是专门针对中央政府批准实施的区域规划所进行的评估。确定国家级区域规划实施评估的内容和指标体系，需要按照《中共中央国务院关于统一规划体系更好发挥国家发展规划战略导向作用的意见》（中发〔2018〕44 号）、《中共中央国务院关于建立更加有效的区域协调发展新机制的意见》，以及《国家级区域规划管理暂行办法》（发改地区〔2015〕1521 号）等文件的要求，考虑今后对国家级区域规划实施评估的适用性，具体确定国家级区域规划实施评估的内容和指标体系。

通过对"十一五"以来我国已经实施的狭义范围的 39 个区域规划的研究，其主要涉及的内容包括 13 部分，参见表 4 – 1。

表 4 – 1 我国 39 个国家级区域规划（狭义）主要内容频次统计

序号	1	2	3	4	5	6	7	8	9	10	11	12	13
内容	指导思想	发展原则	战略定位	发展目标	空间布局	基础设施建设	重点产业发展	城乡建设与统筹	社会建设	生态环境建设	区域开放合作	体制机制改革	保障措施
频次	39	31	38	39	39	38	39	25	29	39	35	15	39

资料来源：作者根据我国"十一五"以来实施的 39 个狭义范围的国家级区域规划文本整理。

目前实施的 39 个（狭义范围）区域规划内容本身呈现以下几个特点：

一是共同关注（绝大部分）区域发展的指导思想、发展的战略定位、发展目标、区域空间布局、基础设施建设、重点产业发展、生态环境建设和保障措施 8 项内容。二是有 24 个国家级区域规划没有明显的区域发展体制机制改革的内容；有 14 个没有突出强调城乡建设与统筹发展，当然更没有提到乡村振兴；有 8 个没有单列区域发展的原则；有 10 个没有单独设节强调社会建设。三是至少有 21 个国家级区域规划没有专门段落强调创新驱动发展；至少有 30 个国家级区域规划没有专门阐述共享发展的内容。当然，由于一些区域规划的范围、对象和制定的时期不同，其区域规划的内容各有侧重，不可能面面俱到。

在对区域规划实施评估规范内容研究的基础上，吸收对已经实施的狭义的 39 个国家级区域规划内容实证研究的结果，考虑今后对国家级区域规划实施评估的可用性，国家级区域规划实施评估的主要内容应聚焦特定国家级区域规划实施提出的主题和主线，特定国家级区域规划所提出的区域发展理念、区域发展战略定位、区域发展空间布局、主要区域发展目标（包括区域规划的共性目标和个性目标）、重点任务和重大工程项目，以及区域政策安排和组织保障，特别包括政府职责范围内的重要事项。

一般国家级区域规划实施评估的内容框架包括四部分：一是对特定区域规划的主要内容进行概述；二是重点对该区域规划的实施进行评估；三是该区域

规划实施存在的主要问题和主要困难（包括对发展环境变化和影响的分析）；四是提出对特定国家级区域规划实施评估的结论和建议（参见表4－2）。对国家级区域规划实施评估的重点内容具体包括：对该国家级区域规划实施的组织体系是否健全，责任分工是否明确，有没有切实可行的政策安排；特别是对国家级区域规划在经济、社会、生态和区域协同与带动等方面的主要发展目标的实现情况的评估；对区域空间总体布局和结构协同及城乡统筹变化的评估；对主要园区建设水平、重点产业发展及其创新升级程度、基础设施建设和社会事业与公共服务水平，以及生态环境与资源节约水平等重点任务和重大项目完成效果的评估。

表4－2　国家级区域规划实施评估的主要内容框架

内容	内容
一、国家级《区域规划》概要	4. 城乡统筹发展
二、对国家级《区域规划》实施的评估	（四）重点任务完成效果
（一）实施组织与政策安排	1. 主要园区建设水平
（二）主要发展目标实现评估	2. 重点产业发展实力
1. 经济指标	3. 产业创新升级程度
2. 社会指标	4. 基础设施建设水平
3. 生态指标	5. 社会事业与公共服务水平
4. 区域协同与带动指标	6. 生态环境与资源节约水平
（三）区域空间布局、协同与城乡统筹发展评估	（五）对外开放与协作成效
1. 总体空间布局	三、存在的主要问题和困难
2. 区域中心城市和重点城镇	四、结论与建议
3. 各区域协同发展	

4. 科学建立实施评估的"共性"指标体系

国家级区域规划实施评估的指标体系的确定，一方面要对我国已经实施的众多国家级区域规划实际使用的指标体系进行研究，另一方面要把我国已经实施的众多国家级区域规划实际使用的指标体系和规范的理论上的区域规划实施评估的指标体系进行对比，然后提出国家级区域规划实施评估的"共性"指标体系，当然，对于一些特殊类型的国家级区域规划实施的评估，可以增加"特殊"的指标体系。

通过对"十一五"时期以来我国已经实施的 39 个国家级区域规划（狭义范围）中使用的约 70 个指标的频率统计，得出出现频率在 3 次以上（不含 3 次）的指标只有 22 个指标，出现 3 次的指标有 13 个，出现两次的指标也只有 10 个，其他指标在区域规划中只出现了 1 次；在本书理论上研究的区域规划实施评估的主要发展目标实现评估的 46 个规范指标体系中，已经实施的 39 个国家级区域规划中实际应用的指标只有 22 个，规范指标体系中指标的实际应用频率不到一半，也就是说理论规范意义上的指标设计在已经实施的国家级区域规划中使用的频率并不高，理论指标和实际应用的指标差异较大。

在借鉴国内外经验的基础上，按照突出重点、问题导向和便于操作的原则，遴选和设计国家级区域规划实施评估的指标体系。依据国家级区域规划实施评估的主要内容，根据对"十一五"时期以来我国已经实施的 39 个国家级区域规划中使用指标频率统计的结果，在借鉴区域规划实施评估的主要发展目标实现评估的规范指标使用频率统计的基础上，参考欧盟近年来实施的欧洲空间规划观测网（European Spatial Planning Observation Network，ESPON）[15-17]项目的关键指标选取的经验，即由其监测委员会逐渐确认的实施监测的新旧关键指标矩阵的内容由 14 项减少到 6 项，其遴选的指标也由 28 个（小类）减少到 25 个（小类），但是区域发展观测的长期目标仍然是 10 个的做法，以及后来欧盟关于领土凝聚力指标选取的经验，国家级区域规划实施评估的"共性"指标体系的构建以实施成效评估为直接目标，根据规划要求和规划区域自身特点，国家级区域规划实施评估的"共性"指标体系分为 3 + 1 结构，即经济、社会、生态三类，加上区域协同与带动类指标共 4 类一级指标，又遴选出 10 个二级指标和 20 个三级指标，其中：

（1）评估国家级区域规划实施成效的经济指标，一般既要评估区域经济发展的总体规模，又要评估区域内人均收入水平，特别是要评估城乡居民实际收入的水平；既要评估区域经济结构的变化，又要评估区域经济的外向度等。重点选取了三个二级指标。其中，经济水平指标一是选取 GDP 作为衡量规划区域的经济总量变化的指标，二是选取人均 GDP 作为衡量规划区域内经济发展水平的指标，三是选取城镇居民人均可支配收入和农村居民人均纯收入作为衡量居民生活水平发展的指标；经济结构指标选取三次产业结构比重变化（或者其中某一产业结构的比重）反映经济结构的优化；经济外向指标选取进出口总额衡量规划区域内的对外贸易的总体规模和发展水平。

（2）评估国家级区域规划实施成效的社会指标，一般既要评估特定区域人口规模的发展水平和社会保障体系的共济水平，也要突出评估科教发展水平对社会的影响等。重点选取了 2 个二级指标。其中，人口发展指标一是评估规划区域内总人口规模发展变化，便于反映区域内人口数量与经济、社会的可持续发展是否相匹配，二是选取三项基本医保参保率来衡量公共服务体系建设的保障水平；科教水平指标评估特定国家级区域科技竞争力和综合实力的发展水平，重点选取研发经费占地区生产总值的比重和科技进步贡献率来衡量区域科技竞争实力和科技转化为社会生产力的能力。

（3）评估国家级区域规划实施成效的生态指标不是狭义的环境保护概念，而是用以评估特定国家级区域推进资源节约型、环境友好型社会建设的水平等。选取了两个二级指标。其中，资源利用指标一是选取每万元 GDP 能耗来评估经济活动中对能源的利用程度，评估其经济结构和能源利用效率的变化，二是评估国家级区域规划范围内的用水效率，选取每万元 GDP 用水量指标；环境发展指标一是选取森林覆盖率来评估国家级规划区域内森林面积占有情况或森林资源丰富程度及实现绿化程度的指标，二是选取二氧化硫排放量和化学需氧量排放量来评估区域内主要污染物减排水平。

（4）国家级区域规划实施成效评估的区域协同与带动指标是反映国家级区域规划所具有的战略性、全局性和关键性特点的重要指标。国家级区域规划的特定区域往往是国民经济重点发展区域和重点支持发展区域。特定国家级区域规划实施的重点在于实现其区域内及区域内外的协同发展和对区域内外的持续带动作用，包括区域内的城乡统筹水平。选取了三个二级指标。其中，区域协同发展指标一是选取区域产业结构差异化指数来评估区域内产业发展的协同水平，二是选取人均 GDP 的地区差距（泰尔指数）来评估区域内人均 GDP 的差异；区域城乡统筹指标选取城乡居民收入差距来评估规划区域内的城乡统筹发展水平；区域带动指标一是选取规划区经济总量占国家（或省区市）经济总量比重来评估规划区域在更大区域空间中的发展带动水平，二是选取核心区经济总量占本规划区经济总量比重来评估区域内均衡发展的水平。

国家级区域规划实施评估的指标根据其指标属性可分为预期性指标和约束性指标，具体包括上述 15 个经济、社会和区域协同与带动类预期性指标和 5 个生态环境与资源利用类约束性指标。

四、建立更加有效的国家级区域规划实施评估新机制

国家级区域规划实施评估机制的建立和有效运行是其评估准备阶段、开展评估阶段和结果应用阶段之间对评估主体、评估内容和评估重大任务等实施情况的整体有机协调推进的过程和运行方式。全面、科学和有效地评估国家级区域规划实施的成效，需要建立起更加有效的高质量的国家级区域规划实施评估的新机制。

1. 国家级区域规划实施评估机制建立的总体要求

要贯彻落实新发展理念，适应新时代实施区域协调发展战略的新需要，切实建立与全面建成社会主义现代化强国相适应的国家级区域规划实施评估的新

机制；聚焦特定国家级区域规划实施提出的总要求，采取科学、有效的方法，重点做好对国家级区域规划各项目标、重大任务和重大项目落实情况的评估；强化对跨区域、跨领域目标和任务的统筹协调的评估；强化年度监测、中期评估和总结性评估过程和结果的综合协调和运用，并将国家级区域规划实施情况纳入对各级领导干部考核的评价体系；"按时、保质、保量"全面完成国家级区域规划的实施评估，为国家级区域规划的更好实施提供决策依据。

2. 国家级区域规划实施评估机制的各阶段和具体运行要求

在评估准备阶段，明确实施评估的相关责任主体，包括实施评估的委托方、被委托方、被评估方和其他相关方的责任主体；国家级区域规划实施评估的组织责任主体如国家发展和改革委员会选定其评估的方法；明确评估目标、任务和工作分工；提出评估要求并制订评估方案。

在开展评估阶段，这是国家级区域规划实施评估活动中最为重要的阶段，按照国家级区域规划实施评估的总体要求，综合应用各种调查方法和评估方法，在全面收集和综合分析信息的基础上，根据国家级区域规划实施评估的主要内容和指标体系，全面总结国家级区域规划各项内容和指标体系完成的一致性和实施成效，公正、客观地评价规划实施的一致性和有效性，"按时、保质、保量"完成评估报告。

在结果应用阶段，要提交评估报告，既要把形成的评估报告提交给同级人大常委会等，自觉接受人大监督，认真研究处理和审议意见，及时报告整改结果；也要提交原审批机关备案和相关实施部门，使其了解国家级区域规划实施的最终成效；还要公布和落实评估报告，根据情况决定国家级区域规划的修订、再实施或者终止，其评估结果要成为对相关责任主体绩效考核的依据。

对于国家级区域规划实施评估各阶段中存在的改进意见，应该直接体现或指导下一轮对国家级区域规划实施评估的准备、开展评估和结果应用，需要"及时出台规划实施的配套政策，相应的管理体制调整到位"（中国工程咨询学会，2014）[18]，需要"切实建立起区域规划实施中的分工、合作机制和监督奖惩机制"（杨伟民，2010）[19]，切实建立起规划实施的反馈机制和动态调整机制（翟启江，2009）[20]。

国家级区域规划实施评估机制的有效运行也是一种有计划、分阶段的系统运行过程，也就是其评估准备阶段、开展评估阶段和结果应用阶段及其构成之间整体协调推进、持续改进，并不断提高其评估质量的循环和再循环过程。

3. 建立国家级区域规划实施评估机制的再探讨

建立全面、科学、有效的国家级区域规划实施评估的机制，是更好实施国家级区域规划和更好全面"实施区域协调发展战略"的重大任务。进一步完善和健全国家级区域规划实施评估的机制，一是需要建立和健全其实施评估的组织体系，即要根据国家级区域规划的重大战略性、全局性和关键性特点，其实施评估的组织体系是由中央政府自我评估、中央政府委托评估、全国人大委托评估、牵头编制和实施单位进行自我评估和委托评估，以及有公众参与的公众评估等多种评估方式有机构成。二是国家级区域规划实施评估的内容应聚焦特定国家级区域规划实施提出的主题和主线，以及特定国家级区域规划所提出的重大区域发展理念、战略定位、空间布局、主要区域发展目标、重大任务、重大工程和重大区域政策安排和组织保障，特别是包括政府职责范围内的重要事项；同时也包括对国家级区域规划实施的组织体系是否健全，责任分工是否明确，有没有切实可行的政策安排，特别是对国家级区域规划在经济、社会、生态和区域协同与带动等方面的主要发展目标的实现情况的评估等。三是需要出台国家级区域规划实施评估的指南，确定其年度监测、中期评估和总结性评估等不同阶段的任务，规范和设定其评估的内容、指标体系和时间节点等。四是需要切实建立起评估准备阶段、开展评估阶段和结果应用阶段之间，各评估主体、评估内容和评估任务等有效衔接、协调推进的新机制。五是需要切实建立国家级区域规划实施评估的信息化平台，为科学、有效评估国家级区域规划实施的成效提供强有力的支撑。

当然，有些问题还需要进一步探讨。一是具体的某个国家级区域规划实施和评估的周期，往往与国民经济和社会发展五年总体规划等的实施和评估的周期有差异，两者之间要不要统一或同步？由于国民经济和社会发展五年总体规划是我国发展规划和空间规划体系的统领性规划，虽然各种规划实施的起点不同，但在后面具体的实施中应该逐步趋于同步，这样可能更有利于国民经济和社会发展五年总体规划的具体落实，也有利于国家级区域规划的具体实施，还有利于更好提高国家级区域规划实施的成效。二是如何耦合或避免一些国家级区域规划范围、内容、目标和措施的重叠或不衔接？如以我国"十一五"以来批准实施的主要国家级区域规划的空间范围为例，长江三角洲及周围地区、中原及周围地区、东南地区和珠江三角洲等局部地区，已被多个不同的国家级区域规划重复规划，或许导致一些国家级区域规划的空间范围、规划内容、规划目标和措施局部重叠或不衔接。当然，不同的国家级区域规划的战略目标和内容等侧重点有所不同，但在同一空间上重复规划几次或多次，这可能在一定程度上造成政策混乱，或至少需要引起注意。三是由于各省（自治区、直辖市）同样制定了众多域内的区域规划，如何更好处理国家级区域规划的实施评估和省级区域规划实施评估的关系？虽然国家级区域规划和省级区域规划是不同层级的区域规划，但是两者又可能有其统一性，特别是有些承担国家重大改革发展战略任务的省（自治区、直辖市）级区域规划，经中央政府批准后就上升为国家级的区域规划，如 2008 年 1 月以来，由中央政府批复的《广西北部湾经济区发展规划》《江苏沿海地区发展规划》《辽宁沿海经济带发展规划》《中国图们江区域合作开发规划纲要——以长吉图为开发开放先导区》《黄河三角洲高效生态经济区发展规划》和《福建海峡蓝色经济试验区发展规划》等，这种对于已经成为国家级区域规划的省级区域规划的实施评估，原则上应按照国家级区域规划实施评估的要求进行评估，但其评估的内容和评估的指标可以针对特定区域规划的特点进行适度增减；对于没有上升为国家级区域规划的省级区域规划的实施评估，要做好与省级国民经济和社会发展规划评估的协调工作。

由于国家级区域规划承担着国家重大区域的重大发展战略和重大任务，只有真正建立起国家级区域规划实施评估体系及其评估机制的内部一致性、垂直一致性和水平一致性，才能更好发挥国家级区域规划的战略导向和带动作用。

参考文献

［1］胡序威.区域与城市研究［M］.北京：科学出版社，1998：3－4.

［2］崔功豪，魏清泉，刘科伟.区域分析与区域规划［M］.北京：高等教育出版社，2006：235－244.

［3］陈耀.我国区域规划特点、问题及区域发展新格局［J］.创新，2010（3）：5－7.

［4］吴殿廷，李瑞，吴昊.区域规划实施的评估与反馈调整——以国家"十一五"规划为例［J］.开发研究，2012（3）：1－5.

［5］张可云.区域规划应更有层次感［EB/OL］.http：//w. huanqiu. com/r/MV8wXzEwMDAzMzcxXzM3MV8xNDg1MTAzNzQw，2017－01－23/2018－11－01.

［6］段娟.改革开放以来我国区域规划工作的历史演进与经验启示［J］.中州学刊，2014（9）：38－44.

［7］方忠权，丁四保.主体功能区划与中国区域规划创新［J］.地理科学，2008（4）：483－487.

［8］樊杰，郭锐.面向"十三五"创新区域治理体系的若干重点问题［J］.经济地理，2015（1）：1－6.

［9］李广斌，王喜，王勇.我国区域规划存在问题及其调整思考［J］.地域研究与开发，2006（5）：10－13.

［10］张可云.区域规划——引领我国区域格局优化与区域管理规范化［J］.金融博览，2010（1）：16－17.

［11］孙久文，胡安俊.中国发展中的区域问题、总体战略与区域规划［J］.兰州学刊，2011（12）：34－38.

［12］丁任重，陈姝兴．大区域协调：新时期我国区域经济政策的趋向分析——兼论区域经济政策"碎片化"现象［J］．经济学动态，2015（5）：4-10.

［13］肖金成，黄征学．未来20年中国区域发展新战略［J］．财经智库，2017（5）：41-67.

［14］张可云．区域经济政策［M］．北京：商务印书馆，2005：390.

［15］European Community. Feasibility Study on Monitoring Territorial Development Based on ESPON Key Indicators［EB/OL］. https：//www. espon. eu/programme/projects/espon-2006/scientific-briefing-and-networking/monitoring-territorial-development，2007/2018-11-01.

［16］European Union. Key Indicators for Territorial Cohesion and Spatial Planning［EB/OL］. https：//www. espon. eu/programme/projects/espon-2013/targeted-analyses/kitcasp-key-indicators-territorial-cohesion-and，2013/2018-11-01.

［17］European Union. INTERCO Indicators of Territorial Cohesion［EB/OL］. https：//www. espon. eu/sites/default/files/attachments/INTERCO_ Final-Report_Part-B_ Main-Report. pdf，2013/2018-11-01.

［18］中国工程咨询学会．发展规划咨询理论方法和实践［M］．北京：中国计划出版社，2014：232-233.

［19］杨伟民．发展规划的理论和实践［M］．北京：清华大学出版社，2010：97.

［20］翟启江．爱尔兰科学技术与创新战略（2006—2013年）监测评估介绍及其借鉴意义［J］．科技进步与对策，2009（18）：18-21.

第五章　省级区域规划实施评估问题、方法和机制探究

省级区域规划是对省（自治区、直辖市）域内特定范围制定、批准和实施的跨行政区的发展规划。省级区域规划是国家和省级发展规划和空间规划体系中的重要组成部分。制定和实施省级区域规划是发展省级国民经济、调整经济结构、改善和提高人民对美好生活的需要，是更好实施国民经济和社会发展总体规划、空间规划的基础和保障，因为省级区域规划依托于省级行政区，省级区域规划的实施成效往往在一定程度上决定或影响省级国民经济和社会发展的质量和效益。省级区域规划要服从于或服务于省级国民经济和社会发展战略规划的总体要求，要根据本省区域经济发展的条件和在国民经济劳动地域分工中承担的任务，具体制定和实施本省级区域经济的发展战略、发展目标和发展措施。"十一五"时期以来，全国各省（自治区、直辖市）不同程度地实施了各自特定区域的省级区域规划，其中一些承担国家重大改革发展战略任务的省级区域规划，经中央政府批准后就上升为国家级的区域规划，如从"十一五"时期特别是 2008 年 1 月以来，由中央政府先后批复的省（自治区、直辖市）内跨地市级行政区的（狭义）区域规划，如《广西北部湾经济区发展规划》《江苏沿海地区发展规划》《辽宁沿海经济带发展规划》《中国图们江区域合作开发规划纲要——以长吉图为开发开放先导区》《黄河三角洲高效生态经济区

发展规划》《鄱阳湖生态经济区规划》《皖江城市带承接产业转移示范区规划》
《山东半岛蓝色经济区发展规划》《浙江海洋经济发展示范区规划》《河北沿海
地区发展规划》和《福建海峡蓝色经济试验区发展规划》等。

2018年11月18日，为了全面贯彻和落实习近平总书记在党的十九大报告
中提出的要"实施区域协调发展战略"，"创新和完善宏观调控，发挥国家发
展规划的战略导向作用"，"要建立更加有效的区域协同发展新机制"，党中央
和国务院出台了《关于建立更加有效的区域协调发展新机制的意见》，要求明
确地方政府的实施主体责任，充分调动地方按照区域协调发展新机制推动本地
区协调发展的主动性和积极性。省级区域规划是在省（自治区、直辖市）域
范围内承担特定区域重大改革发展战略任务的发展规划，具有承上启下的作
用，它既要与省级总体规划、专项规划和空间规划相对接，又要与国家级总体
规划、专项规划、区域规划和空间规划相协调，因为省级区域经济本身的发展
既取决于区域内部因素，又取决于区域外部的区际分工和全国性乃至国际性因
素的影响，且市场化和全球化条件下的现代省级区域经济的发展必须注重区际
的协作。也就是省级区域规划既具有其地方的独立性，又具有其区域的从属
性，更具有区域发展客观上要求提高其协同性的特点。

省级区域规划是地方政府推动地方发展的重要"抓手"之一，研究和建
立更加有效的省级区域规划实施评估的方法和机制，有利于进一步明确和评价
地方政府在推进区域协调发展中的责任、义务和绩效，有利于更全面、有效实
施和评估好省级区域规划，有利于进一步发展和振兴省域经济，更好落实区域
协调发展战略，促进区域协调发展向更高水平和更高质量迈进，这是新时代贯
彻新发展理念，建立省级现代化经济体系，全面建设社会主义现代化强国的重
要任务。

一、省级区域规划实施研究回顾

近年来，对于省级区域规划的研究，学者们主要集中于对省级区域规划体系、省级区域规划协同和省级区域规划实施评估等方面展开研究。

1. 基于省级规划体系及区域规划体系构建和完善的研究

省级区域规划有效实施的基础是构建完善的省级规划体系（包括区域规划体系）。目前，学者们研究了我国省级规划体系（包括区域规划体系）的制定及和其他规划衔接等方面存在的诸多问题。一要合理地制定和完善省级规划体系（包括区域规划），如朱李鸣（2006）发现当前浙江省发展规划实践中出现了规划体系编制混乱、规划效益较差、实施滞后等问题，就此提出要理清省级规划体系（包括省级空间规划）的弊病和成因，要科学合理地制定省级规划体系，实现其规划效益的最大化[1]。顾春光和霍国庆（2016）注重区域规划本身的理论分析，选择了31个省级"十二五"规划文本进行分析，提出了构建区域战略规划质量的核心机理模型，从而在实证的基础上研究了规划编制的质量保证机制，为未来的规划编制提供方法和借鉴[2]。罗成书和周世锋（2017）基于江苏省的地理空间位置，认为以海洋主体功能区规划作为顶层规划，可以从目标和空间管制两方面进行规划拓展，从而建立"多规合一"的海洋空间规划体系，实现浙江省海洋空间规划的最大效用[3]。二要注重省级规划体系（包括区域规划）如何与其他规划进行有机衔接，如成为杰（2014）根据主体功能区规划不断向省级地方推进的现状，认为省级主体功能规划要从区划范围、定位影响力、政策准确性三个方面进行拓展，才能为下一步的战略规划提供借鉴[4]。夏剑琴等（2016）分析了广东省土地整治规划的新形势，认为合理科学的省级土地整治规划是其有效实施的关键，也有利于区域土地利用规划、优化土地利用结构和布局，能够为编制广东省"十三五"时期土地整治规划提供有益的参考[5]。强真（2017）主要分析了省级和区域级国土规划试点的规划定位、规划思路，以期通过试点的规划运作对当前的国土规划纲要编制起到借鉴的作用[6]。胡耀文和尹强（2016）依据中央城镇化工作会议精神，结合"多规合一"的实践工作分析了海南的省、市两级空间规划体系，认为省级的空间规划实施工作涉及多个敏感领域，需处理较多复杂的历史遗留问题，因此困难重重，但意义重大[7]。

事实上，目前关于包括省级区域规划在内的省级规划体系的构建和完善的研究成果较少，在市县"多规合一"的大背景下，如何把省级国民经济和社会发展规划作为统领，如何把省级空间规划作为真正的基础，如何把区域规划和专项规划作为重要的支撑，更重要的是如何实现国家级、省级和市县级即"三级四类规划"的有机衔接，是摆在理论和实践工作者面前的重要任务。只有建立起包括省级区域规划在内的省级规划体系在"三级四类规划"中科学合理的规划分工体系和有机衔接关系，其中的省级区域规划的有效实施和评估才会真正发挥其作用。

2. 基于省级区域规划协同发展和实施问题的研究

省级区域规划如何协同发展和有效实施是实现省级区域规划功能的关键所在。一是探讨实现省级跨行政区域规划协同的机制，如姚凯等（2017）对跨行政区规划的新疆"奎-独-乌"案例进行了分析，认为跨行政区规划应该成为城乡规划的一个重点研究课题，也就是对于跨行政区协调发展规划要首先重点研究其编制方法与内容，要从单纯的技术处理走向对跨行政区区域规划性质特征、法律地位、实施机制的探索研究[8]；赖寿华等（2015）在回顾了珠三角地区区域规划的历程后，总结了当地规划的特点并对此实施效果进行了评价，最后对未来珠三角地区的空间规划提出了流动空间、战略规划、制度路径等协同发展的构想[9]。二是重点消除省级区域规划实施中存在的体制机制障碍，在交通设施、生态环保及其在产业上分工和合作中实现其发展，如魏宗财等（2014）针对区域规划协调发展中的同城化这一研究热点，以广佛同城化区域发展规划为例，对同城规划的实施效果、不同层次的地方政府作为进行了研究，认为存在诸多体制性、经济性障碍，并提出了消除省级区域协同发展的改进意见[10]；官卫华等（2015）以空间协同规划为研究背景，对南京都市圈八市联合推进城乡规划协同工作进行了战略分析，主要针对省级区域协同规划中出现的诸如道路交通、生态环保、公共设施和产业不对接、不协同的难点及矛盾，提出了工作方法和技术方法上的改进意见[11]。吴良镛等（2016）对京津冀地区的空间规划发展进行了持续性的规划研究，提出了京津冀协同发展的产业、交通、生态路径与首都功能疏解等战略性建议[12]，这对更好实施省级区域规划、更好解决省级区域规划实施中存在的问题有很好的借鉴意义。

省级区域规划功能的有效发挥，对于省内跨两个或三个以上不同行政区域的协同发展，研究制定和实施整个区域的协同发展规划至关重要，但更重要的是区域内规划实施的行政区域间、区域规划实施的主体间、实施的目标间、实施的阶段和步骤之间，该区域产业分工和合作的重点、基础设施和生态环境的共同建设与保护，以及区域规划实施的组织、资金和制度保障等实施中的协同问题，这也是进一步研究的重点。

3. 基于省级区域规划实施效果和改进的研究

省级区域规划制定和实施的效果如何，必须对其进行适时、保质和保量的评估。一是关注省级区域规划实施的效果，并对个别规划的实施效果进行评价。如王学锋（2003）从提高省域城镇规划体系实施的效果入手，针对江苏省规划实施机制较薄弱等问题，提出了强化省级政府领导、深化重点区域规划编制、注重实施工作的开展及与县级城市规划体系相结合等办法，以解决规划实施面临的困境[13]。周金晶等（2011）以公共政策为视角，主要解析了省域城镇体系规划实施评估的内涵，初步构建了该体系的实施评估框架，并对此框架下的评估方法进行了探讨，以期给省域城镇规划评估提供借鉴和参考[14]。付承伟和施祖麟（2013）重点研究了《皖江城市带承接产业转移示范区规划》

的实施评估状况，将地区的平台载体、产业发展、产业创新、区域联动、资源环境作为评估对象，主要为该示范区的进一步发展规划提供制度上的保障，也为区域规划实施评估提供了实践参考[15]。郭垚和陈晓（2013）从江苏省的沿江开发区域总体规划出发进行了评估研究，认为该省级区域规划的实施在产业定位与布局、基础设施建设等方面取得了较为明显的效果，而在资源利用、生态保护方面的实施效果较差，且对评估结果的局限性做了说明[16]。二是关注省级区域规划实施的监测、评价方法，如郑浩等（2016）以黑龙江省省级规划实施监测评估为研究对象，以县级分区为评价单位，按照分区、分类的方法评估其内部实施效果，并提出了相应的改进意见[17]。张路路等（2016）主要探讨了省级主体功能区的规划实施的效果，认为随着规划实施的不断深入，实施评估的方法要从规划目标的实现程度、分区功能实施状况、规划实施保障机制及规划的社会影响四个方面着手，并对相应的评价方法做了简要说明[18]。马璇和张一凡（2016）针对当前我国城市总体规划实施评估的现状和问题，从省、市两级提出要强化其评估的地位、修正其评估的周期、精化其各种评估方法等建议，以期缓和评估工作中的矛盾[19]。张路路等（2016）研究了湖南省主体功能区的规划实施的绩效，为了提升该省主体功能区的实施绩效，采取从经济效益、社会效益、生态环境三个方面进行评价的方法，并找出了影响规划实施绩效的因素，以期为后续规划调整提供参考[20]，这种对规划评价的三个维度，能够为省级区域规划实施成效的评估提供有益的参考。

对省级区域规划实施效果的有效评估，可以扭转或改变我国过去"重规划制定，轻规划评估"的现状，但我国目前还需要进一步探讨和总结省级区域规划实施存在的问题，迫切需要系统回答省级区域规划谁去评、评什么、怎么评、建立怎样的评估机制等问题。本章重点探究我国省级区域规划实施评估存在的问题、评估的方法、评估的内容和指标体系，以及如何建立更加有效的省级区域规划实施评估的新机制。

二、目前省级区域规划实施评估存在的主要问题

深入探究省级区域规划实施评估的方法和机制，需要切实总结和研究省级区域规划实施评估中存在的具体问题。目前，我国省级区域规划实施评估中存在的主要问题如下：

1. 评估的内容体系不健全

省级区域规划实施评估的内容具有一定的"共性"，但对于特定的省级区域规划评估的内容，往往也具有一定的"特殊性"。省级区域规划实施评估的内容体系不一定完全根据相应规划文本的内容进行评估。省级区域规划实施评估的"共性"内容框架应该是相对统一的，至少包括区域规划实施的组织是否健全、政策安排是否到位、主要发展目标的实现程度、区域空间布局和城乡统筹情况、重点任务完成情况、存在问题及建议等，当然，也应该包括评估其发展环境变化对省级区域规划实施的影响程度。另外，对于同类型的区域规划，一般要求有"共性"统一的区域规划实施评估的内容体系，对于不同类型的区域规划，客观上要求有体现其"特殊性"的评估内容。目前，我国省级区域规划实施评估的内容体系往往根据特定规划文本的内容进行评估，尚未形成一个具有"共性"评估内容的框架，其评估的内容体系需要深入探究和完善。

2. 评估的方法需要创新

目前，对省级区域规划实施评估主要是采取基于规划文本设定的目标，评估其实施结果是否一致的评价方法，虽然这是省级区域规划实施评估的重要方法之一，但是往往存在规划的目标和责任没有提前层层分解和落实的问题，使这种评估方法的结果难以和省级区域规划具体实施主体的绩效直接挂钩，会出

现"有规划，但找不到具体谁负责"的情况，从而导致无法对省级政府部门的绩效进行考核。对于省级区域规划设置的评估指标也存在不科学、不系统的问题，甚至出现类似于国民经济和社会发展规划的评估体系，还没有系统提出体现区域规划特点的评估考核体系，这在一定程度上影响了省级区域规划实施评估的效果。另外，对省级区域规划实施评估中需要探索使用诸如 GIS 工具，增加对省级区域规划实施评估的空间维度成效评价的信息；也需要增加和提高省级区域规划实施评估过程的透明度和公众参与度。

3. 评估的指南及机制需要出台和优化

省级区域规划实施评估的指南是指导省级区域规划实施评估的行动方案，对于规范其评估活动、评估质量和实现其评估作用至关重要，我国有待出台省级区域规划实施评估的指南。目前，我国尚没有对省级区域规划实施评估的组织主体、行为、方法、周期、程序等设定标准，特别是我国还没有建立起自我评估、委托评估和公众评估有机分工与配合的省级区域规划实施评估体系。由于省级区域规划实施评估的复杂性和其客观评价的艰巨性，省级区域规划实施评估的难度较大。另外，需要进一步优化省级区域规划实施评估的机制。目前，虽然明确了"按照谁牵头编制谁组织实施的基本原则，落实规划实施责任，完善监测评估"，但需要进一步建立起省级区域规划评估准备阶段、开展评估阶段和结果应用阶段之间有机协调其责任主体、内容和任务的完全评估机制，特别是在省级区域规划的起点评估（包括规划的规范性评估和科学性评估）、过程评估（包括监测评估、中期评估、阶段性评估、后期评估）和结果评估或总结性评估中，要进行科学合理的分工与合作。

4. 评估的法定依据和责任约束没有充分落实

我国各级人民代表大会常务委员会依据《宪法》《监督法》等有关法律的规定，赋予对本级政府进行监督的职能，其中《监督法》赋予各级人大常委会的法定职责是"人民政府应当将规划实施情况的中期评估报告提请本级人民代表大会常务委员会审议"，然而在省级区域规划的具体实施过程中缺少必要的监督工作和对其实施成效的考核机制，加上地方政府的换届和主要领导的调整或变动，甚至会出现不再提及原来制定和实施的区域规划的现象。也就是说，完善省级区域规划实施评估的机制仍有较大的改进空间。

全面解决省级区域规划实施评估存在的问题，需要切实把握省级区域规划所具有的独立性、从属性和协同性的特点，紧紧抓住"省级区域规划"的关键矛盾，即正确处理好省级区域内部的独立性与其整体发展协同性之间的矛盾，且其矛盾的主要方面是追求持续实现省级区域经济的协同发展，在遵循国家关于规划实施评估办法（或将来国家关于规划实施评估的法规）的前提下，既要充分体现国民经济和社会发展总体规划和主体功能区规划的要求，也要充分考虑城乡发展的现实特征，按照区域规划实施评估的总体理论方法与机制设计的要求开展对省级区域规划实施成效的评估工作。省级区域规划实施评估的总体要求是"按时、保质、保量评估其实施成效"，其评估的重点是科学合理地确定和建立省级区域规划实施评估的方法、评估的内容、评估的指标体系和更加有效的实施评估机制。

三、省级区域规划实施评估的方法

1. 省级区域规划实施评估的主体界定

一般省（自治区、直辖市）级区域规划实施评估的主体分为省级政府部门自我评估、省级人大委托评估和公众评估。

（1）省级政府部门自我评估。省级区域规划的实施由省级发改部门组织有关部门和专家对规划实施情况进行评估，并采取论证会、听证会或其他方式征求公众意见进行自我评估，这是一种规划的制定者、实施者和评估者相统一的评估方式，是省级区域规划实施评估的一种非常重要的形式，也是实现省级政府进行自我监督的一种最有效的途径。省级区域规划的自我评价要按照区域规划评价的标准和程序，特别采用横向调查和比较研究的科学方法，根据政府部门的职责范围对其实施的效果做出客观的评价，进而达到区域规划实施的自我矫正，这对于提高省级区域规划实施的成效十分重要。

（2）省级人大委托评估。由省级人大以课题研究的方式委托给第三方机构，如由智库、大学和研究所等专业化评估机构评估省级区域规划的实施成效，被委托方为委托方即省级人大负责，一般不受政府部门的制约，使省级区域规划的实施评估具有一定的约束力和独立性，其评估报告也具有较强的公信力。

（3）公众评估。省级区域规划实施的公众评估一般是由省级人民政府设计或委托相关机构设计规划实施情况调查问卷，面向专家、企事业单位和公众开展社会调查，广泛听取社会各界意见，使评价结果反映广大民意的一种评估方式。可以在有关门户网站开设省级区域规划实施的调查专栏，面向公众开展网上全面调查，以及采取线上线下相结合的调查方式。

事实上，一般省级区域规划实施的评估的主体往往采取自我评估、省级人大委托评估和公众评估相结合的方法，以使省级区域规划的实施和评估取得更好的效果。

2. 省级区域规划实施评估的具体方法

由于省级区域规划是针对省（自治区、直辖市）内跨行政区的特定区域实施的规划，具有长远性、地域性和特色性的特征，也由于省级区域规划在空间规划的尺度上属于中观空间规划，甚至是偏微观的空间规划，为了防止省级区域规划实施评估中出现"规划做得好，评得好，但很快就是问题区，或者已经就是问题区"现象，省级区域规划实施评估的具体方法除了进行定性评估与定量评估相结合、全面评估与重点评估相结合、过程评估与效果评估相结合，以及自我评估与委托评估相结合之外，还应重点进行具体的指标评估、工作评估和比较评估相结合的方法。当然，这些方法都是在一致性和有效性评估的基础上，重点开展对省级区域规划实施的成效进行评估。

省级区域规划实施评估的具体方法侧重于对其进行指标评估、工作评估和比较评估。

（1）指标评估。指标评估是省级区域规划实施评估的重要量化考核办法。根据省级区域规划实施评估的经济、社会、生态和区域协同与带动的评估指标体系，计算各地市相应指标完成程度，即：

各地市相应指标完成程度＝（考核年度完成值－上一年度完成值）／（规划考核目标值－上一年度完成值）×100％

对个别指标无法按上述公式计算完成程度的，将根据指标的实际属性计算完成程度。最终在对各指标标准化处理的基础上，采取加权的办法得到各地市的指标考核得分。将各地市相应指标完成程度纳入对区域规划实施评估的年度监测范围，其具体指标参见表5－2。

（2）工作评估。工作评估是省级区域规划实施评估的重要评估内容。围绕省级区域规划实施评估的主要内容，如实施组织与政策安排、区域空间布局与协同发展、重点任务完成效果和对外开放与协作成效等工作，包括对工作作风和质量、创新意识和程度、协调和沟通等情况，在定性考核的基础上采取量化和加权的办法，得出对各地市的工作评估得分，并将其纳入对区域规划实施评估的年度监测范围。

（3）比较评估。省级区域规划实施评估的区域比较评估法是在区域调查的基础上，针对省级区域规划实施存在的突出现象和潜在问题，实地调查其发生的具体原因和内在联系，特别是通过实地调查、研究和比较省内外、国内外其他同类区域的情况，发现特定区域规划实施中区际差异的程度和优劣势，避免机械性地就规划实施评估而进行评估。

3. 省级区域规划实施评估的周期和阶段性任务

参照国家级区域规划实施评估的周期，省级区域规划实施评估的周期同样包括年度监测、中期评估和总结性评估三个不同的阶段和类型。

（1）省级区域规划实施的年度监测。一是监测省级区域规划实施评估的信息化管理平台的建立、运行和维护的质量，特别是有关部门和单位互联互通的基础信息和评估信息平台的完整和顺畅程度；二是监测特定省级区域规划实施的省级统筹组织体系和责任主体，是否及时具体分解和落实了省级区域规划的主要目标和任务，以及后续统筹实施和跟进的政策保障情况；三是跟踪、监控和健全省级区域规划的关键指标、重点任务和重点项目进展的数据库；四是对年度监测中发现的问题，及时提出应对的措施，并完成其实施的年度监测报告；五是其他需要监测的特定省级区域规划实施的政府职责范围内的工作事项。

（2）省级区域规划实施的中期评估。一般省级区域规划实施中期评估的时点和数据截止到中期年的 6 月 30 日。省级区域规划实施的中期评估重点如下：

一是评估省级区域规划实施中的统筹协调机制是否有效建立，相关各方责任分工和任务的完成情况是否纳入各级政府的绩效考核体系；二是评估特定省级区域规划实施提出的总体要求、战略定位、区域发展空间布局的落实情况；三是重点评估其规划实施期过半的发展目标、重点任务和重大工程项目完成的进度、质量和预算的完成效果；四是评估其实施中存在的主要问题，包括评估其与本省（自治区、直辖市）国民经济和社会发展总体规划、主体功能区规划、城市总体规划、土地利用规划和其他专项规划等的衔接程度，以及发展环境变化对省级区域规划实施的影响，并提出推进实施的建议等；五是提交省级区域规划实施的中期评估报告，并以适当形式反馈规划实施主体及相关部门，并报省级政府和同级人大；六是形成和发布省级区域规划实施的中期评估报告。

（3）省级区域规划实施的总结性评估。省级区域规划实施的总结性评估是在其年度监测和中期评估的基础上，在规划期结束时对其实施成果的全面总结，全面评估其实施完成的效率、效益和效果。一般省级区域规划实施总结评估的时点和数据截止到终期年的 12 月 31 日。省级区域规划实施的总结性评估重点主要包括：一是全面评估特定省级区域规划实施对总体要求、战略定位、区域发展空间布局的完成效果；二是全面评估其主要发展目标的实现程度、重点任务的完成程度、重点项目完成进度、质量和预算完成程度等；三是全面评价省市县协调推动规划实施的协同程度；四是全面评估国内外发展环境变化对其实施的影响；五是全面分析其实施存在的问题与原因；六是提交省级区域规划实施的总结性评估报告，且以适当形式反馈规划实施主体及相关部门，并上报同级政府和人大常委会审议，必要时定期汇总上报国家发改部门备案；七是发布省级区域规划实施的总结评估和审议报告，并为推动下一轮省级区域规划的调整、修订和实施提供依据。

四、省级区域规划实施评估的内容和指标体系

1. 省级区域规划实施评估的实证内容

一般省级区域规划实施评估的内容包括特定区域发展的总体要求、区域发展定位、区域发展空间布局、区域发展目标、重点任务和重大工程项目，以及组织保障和区域政策安排，包括地方政府职责范围内的事项等，参见表 5-1。

省级区域规划实施评估的主要内容在于重点评估省（自治区、直辖市）内聚焦的特定区域发展目标和重点任务的完成效果，它既不同于省级国民经济和社会发展规划，也不同于国家级区域规划。同国家级区域规划相比较，其评估范围、内容和指标都相对减少。一般省级区域规划的评估范围是省级行政区划内的特定核心规划区，是介于省级行政区域内的地市或县级区域之间；其评估的内容聚焦省域范围内的特定空间区域如何实现其协同发展；其涉及的评估指标也不需要面面俱到，但要体现区域规划特点。

表 5-1　省级区域规划实施评估的主要内容框架

内容	内容
一、省级《区域规划》概要	4. 城乡统筹发展
二、对省级《区域规划》实施的评估	（四）重点任务完成效果
（一）实施组织与政策安排	1. 主要园区建设水平
（二）主要发展目标实现评估	2. 重点产业发展实力
1. 经济指标（4）①	3. 产业创新升级程度
2. 社会指标（2）①	4. 基础设施建设水平
3. 生态指标（5）①	5. 社会事业与公共服务水平
4. 区域协同与带动指标（4）①	6. 生态环境与资源节约水平
（三）区域空间布局与协同发展评估	（五）对外开放与协作成效
1. 总体空间布局	三、存在的主要问题和困难
2. 区域中心城市和重点城镇	四、结论与建议
3. 各区域协同发展	

注：①具体指标参见后面对省级区域规划实施评估的指标体系。

2. 省级区域规划实施评估的指标体系

在借鉴国外空间规划和本研究的国家级区域规划实施评估指标体系[21]的基础上，在紧紧抓住省级区域规划具有长远性、地域性和特色性的基础上，按照精减和有效的指标选取原则，遴选出省级区域规划实施评估的经济、社会、生态和区域协同与带动四大类一级指标中的八个二级指标和 15 个三级指标，参见表 5-2。

表 5-2　省级区域规划实施评估的主要发展目标实现评估指标

类别	一级指标	具体指标	属性
经济指标	经济水平指标	GDP（亿元）	预期性
		人均 GDP（元）	预期性
		城镇居民人均可支配收入（元）	预期性
		农村居民人均纯收入（元）	预期性

续表

类别	一级指标	具体指标	属性
社会指标	人口发展指标	总人口（万人）	预期性
	科教水平指标	研发经费占地区生产总值比重（%）	预期性
生态指标	资源利用指标	每万元 GDP 能耗（吨标准煤）	约束性
		每万元 GDP 用水量（立方米）①	约束性
	环境发展指标	森林覆盖率（%）	约束性
		二氧化硫排放量（万吨）	约束性
		化学需氧量排放量（万吨）	约束性
区域协同与带动指标	区域协同发展指标	区域产业结构差异化指数②	预期性
		人均 GDP 的地区差距：泰尔指数	预期性
	区域城乡统筹指标	城乡居民收入差距（元）	预期性
	区域带动指标	规划区经济总量占省区市（或国家）经济总量比重（%）	预期性

注：①"十三五"规划把"十二五"规划里的每万元工业增加值用水量（立方米）替换为每万元 GDP 用水量（立方米）；②选择该区域内某类或某几类产业测算克鲁格曼指数，反映区域内产业的差异化趋势。

根据省级区域规划的特点，为了突出其实施评估指标的有效性和有限性，和本研究的国家级区域规划实施评估的指标体系（张满银，2019）相比较，省级区域规划实施评估的指标减少到 15 个。具体减少的指标为经济结构指标中的三次产业结构比重、经济外向指标中的进出口总额、科教水平指标中的科技进步贡献率和反映人口发展中重要保障水平的三项基本医保参保率，以及核心区经济总量占本规划区经济总量的比重。当然这里减少的评估指标主要是省级区域发展的预期性指标，并没有减少对省级区域规划评估的生态环境和资源利用类这种约束性指标，也就是在对省级区域规划实施评估中，对其生态环境和资源利用的约束条件并没有减少和降低。

五、建立更加有效的省级区域规划实施评估新机制

省级区域规划实施评估机制的建立和有效运行，虽然同样是其评估准备阶段、开展评估阶段和结果应用阶段之间的整体系统协调推进的过程，但与国家级区域规划实施评估机制相比较，省级区域规划的实施评估机制的建立，需注重破解省级区域规划实施中"一重两轻一少"即"重规划，轻实施，轻评估和缺少监督"的难题。

1. 明确省级区域规划实施评估的目的

一般省级区域规划实施评估的目的一是就规划本身的实施进行评估，也就是评估特定省级区域规划实施的情况，促进其有效实施，为其修订和调整提供决策依据，以及改进其编制和实施的管理；二是把其评估结果作为对政府部门绩效考核的依据。这种省级区域规划实施评估的不同目的，直接关乎到是采取省级政府部门自我评估，还是由省级人大委托评估，或是采取公众评估。鉴于我国开展区域规划实施评估的时间短，在首先做好其本身实施评估工作的基础上，特别是要在能够科学鉴定规划实施的责任主体和其具体指标的基础上，把其评估结果作为对政府部门绩效考核的依据。

2. 明确省级区域规划实施与评估的目标责任体系

省级区域规划实施评估有效开展的前提是其规划实施和评估目标的分解，以及其具体任务的落实和责任的分工。一是明确其实施的目标责任体系，也就是在明确特定省级区域规划实施的目标体系的基础上，相应明确其目标分解后的责任体系，进一步明确其约束性指标的责任部门和责任人，这是开展省级区域规划实施评估的重要基础性工作；二是明确其实施评估的目标责任体系，也就是要明确其实施评估的组织目标责任、委托目标责任、被委托目标责任、监

督目标责任和其他相关目标责任。

3. 充分发挥省级人大的监督作用

根据《中华人民共和国各级人民代表大会常务委员会监督法》（2006年8月27日）的规定，赋予了各级人大常委会开展对国民经济和社会发展五年规划进行中期评估和调整的权力，但需要进一步明确省级人大在规划评估中的法律地位和评估范围，明确省级区域规划实施评估也是各级人大常委会的职责，这样更有利于开展第三方评估，更有利于提高对省级区域规划实施评估的公信力。

4. 强化第三方评估机构的独立性

维护和强化第三方评估机构的独立性是保证省级区域规划实施评估客观性的前提。一般选定的第三方评估机构要由最高权力机构即各级人大认定和授权开展规划评估工作，独立第三方评估不是由省级区域规划的制定者或实施者如发改部门委托进行的评估，而应该是由省级人大委托独立第三方进行的对区域规划实施的评估。

5. 明确评估结果作为绩效考核的依据

对省级区域规划实施评估的结果，既作为对党政组织绩效考核的依据，也作为对党政领导干部政绩考核的依据。这样更有利于省级区域规划的顺利实施。

6. 强化建立有效的问责机制

在完善省级人大监督地方性法规实施的前提下，强化建立人大监督和评估有效的问责机制。对于区域规划实施评估中发现的没有责任主体、没有进展和没有成效等重要问题，人大可以行使其监督和问责的权力。

7. 健全省级区域规划实施评估的信息化平台

建立和完善省级区域规划实施评估的信息化管理平台，特别是收集、整理和健全其数据库和资料库。如果省级区域规划实施评估的相关统计指标口径不统一或不完善，相关政府信息和统计信息统计和披露不足，往往使规划评估工作面临很大的困难，建立有效的省级区域规划实施评估的信息化平台是规范和克服评估中存在的数据问题的重要保障。

8. 健全相互衔接的省级区域规划实施评估体系

一是把对省级区域规划实施评估的组织主体、评估周期与具体的评估方法有机结合起来；二是把对省级区域规划的实施评估与对省级国民经济与社会发展总体规划、专项规划和空间规划等的实施和评估结合起来，力求建立一个"评得准和评得好"的省级区域规划实施的评估体系和评估机制。

探究按时、保质、保量评估省级区域规划实施的成效，除了有针对性地解决我国省级区域规划实施评估中存在的问题，确定科学合理的评估方法、评估的内容和指标体系，以及建立起更加有效的实施评估机制之外，还要重点评估在省级区域规划实施过程中所受到的发展环境的影响，特别是评估其所受到的省域内、周边区域和国家重大政策的影响，特别是评估其所受到的国际环境变化对本区域规划实施成效的影响，从而更好地识别或判断规划本身实施的影响和政策与环境的变化对规划实施的影响，特别是通过对环境影响因素和国家政策冲击因素的分析，可以进一步具体分析出外部环境和国家政策的影响程度。当然依据省级区域规划实施评估的内容和评估周期等的要求，有效地评估省级区域规划的实施的综合成效，是一个不断改进、不断循环的全面质量管理过程，是一环套一环、滚动大循环的不断优化和提升的过程。只有不断完善和提高对省级区域规划实施成效评估的全面质量，并通过全面、客观、准确、有效评估其存在的问题，依法、全面有效协调和处理"省级区域规划"实施中区域内部的独立性与其整体发展协同性之间的矛盾，真正实现省级区域经济、社会和生态环境的协同发展，真正实现和提高省级区域规划的区域协同性与带动性，才能更好地实现省级区域规划在发展国民经济、调整经济结构、满足和提高人民对美好生活需要方面的功能和作用。

参考文献

［1］朱李鸣．对完善省级规划体系的几点认识与建议［J］．浙江经济，

2006（9）：7-11.

［2］顾春光，霍国庆．区域战略规划质量保证核心机制研究——基于扎根理论的我国省级十二五规划实证研究［J］．中国软科学，2016（6）：73-79.

［3］罗成书，周世锋．浙江省海洋空间规划"多规合一"的现状、问题与重构［J］．海洋经济，2017（3）：52-59.

［4］成为杰．主体功能区规划"落地"问题研究——基于19个省级规划的分析［J］．国家行政学院报，2014（1）：51-58.

［5］夏剑琴，戴文举，苏少青．广东省十三五土地整治规划编制相关内容研究［J］．中国集体经济，2016（22）：32-33.

［6］强真．省级和区域级国土规划试点的探索与思考［J］．中国土地，2017（11）：21-23.

［7］胡耀文，尹强．海南省空间规划的探索与实践——以《海南省总体规划（2015-2030）》为例［J］．城市规划学刊，2016（3）：55-62.

［8］姚凯，赵民，裴新生，王新哲，贾晓韡．跨行政区协调发展规划编制的实践与思考——以新疆"奎-独-乌"地区规划为例［J］．城市规划学刊，2017（1）：51-58.

［9］赖寿华，闫永涛，刘冠男，庞晓媚，李亚洲．珠三角区域规划回顾、评价及反思［J］．城市规划学刊，2015（4）：12-19.

［10］魏宗财，陈婷婷，甄峰，王波．对我国同城化规划实施的思考——以《广佛同城化发展规划》为例［J］．城市规划学刊，2014（2）：80-86.

［11］官卫华，叶斌，周一鸣，王耀南．国家战略实施背景下跨界都市圈空间协同规划创新——以南京都市圈城乡规划协同工作为例［J］．城市规划学刊，2015（5）：57-67.

［12］吴良镛，吴维佳，毛其智等．京津冀地区城乡空间发展规划研究［J］．建设科技，2017（20）：16-18.

[13] 王学锋. 探索省域城镇体系规划实施的有效途径——以江苏省为例 [J]. 规划师, 2003 (5): 64–67.

[14] 周金晶, 李枫, 陈景进. 省域城镇体系规划实施评估的框架构建设想 [J]. 规划研究, 2011 (8): 9–26.

[15] 付承伟, 施祖麟. 新形势下我国区域规划实施影响评估研究——以皖江城市带为例 [J]. 规划师, 2013 (9): 109–112.

[16] 郭垚, 陈晓. 区域规划实施结果评估——以《江苏省沿江开发总体规划》为例 [J]. 长江流域资源与环境, 2013 (4): 405–410.

[17] 郑浩, 关国锋, 李宏, 薛雪. 省级土地利用总体规划实施监测评估研究——以县级分区为评价单元 [J]. 中国国土资源经济, 2016 (10): 52–59.

[18] 张路路, 蔡玉梅, 郑新奇. 省级主体功能区规划实施评价 [J]. 国土资源科技管理, 2016 (1): 80–85.

[19] 马璇, 张一凡. 我国城市总体规划实施评估工作评析及建议——基于省市调研的若干思考 [J]. 规划师, 2016 (3): 34–41.

[20] 张路路, 蔡玉梅, 郑新奇, 崔海宁. 湖南省主体功能区的规划实施绩效评估研究 [J]. 国土资源科技管理, 2016 (3): 39–45.

[21] 张满银. 基于多层次模糊评价的国家级区域规划实施成效评估 [J]. 统计与决策, 2019 (15): 57–60.

第六章　基于多层次模糊评价的国家级区域规划实施成效评估

2018 年 11 月 5 日，习近平在首届中国国际进口博览会上强调："支持长江三角洲区域一体化发展并上升为国家战略，同'一带一路'建设、京津冀协同发展、长江经济带发展、粤港澳大湾区建设相互配合，完善中国改革开放空间布局。"国家级区域规划的有效实施是完善我国改革开放空间布局的重要举措。国家级区域规划是以解决跨区域发展问题为目的的发展规划，是重大国家战略和国家总体规划在特定区域的细化落实，是国家指导特定区域发展、制定相关政策及编制区域内省（自治区、直辖市）总体规划、专项规划和空间规划的重要依据，国家级区域规划代表了国家对特定区域规划发展的总体方向。国家级区域规划是贯彻新发展理念，建设现代化经济体系，"实施区域协调发展战略"的重要支撑[1]。

国家级区域规划的实施评估是对已经实施的国家级区域规划的实施成效所进行的评估，这种评估通常是在分析影响特定国家级区域发展因素的基础上，通过建立国家级区域规划实施评估的指标体系，主要通过对比不同时期不同指标的完成程度，并通过指标的综合集成的方法，评估特定国家级区域规划在特定时期内实施的综合成效。通过这种评估，能够发现特定国家级区域规划实施中存在什么问题，是否达到了区域规划实施的目的，下一步该如何修订甚至是否终止规划。

由于我国自"十一五"时期以来（截止到 2019 年 9 月 10 日），仅由国家发展和改革委员会主管的由中央政府已经批准或批复的国家级区域规划就至少有 40 个，众多国家级区域规划实施的成效如何，对于贯彻和落实习近平总书记提出的"发挥国家发展规划的战略导向作用"和"完善中国改革开放空间布局"具有重要的紧迫性。

一、文献回顾

基于对国家级区域规划的不同认识，近年来，学者们对我国国家级区域规划的研究主要集中在以下四个方面：

1. 基于国家级区域规划的现状、问题及趋势的研究

李广斌等（2006）[2]针对国家"十一五"规划的研究和制定中非常重视区域规划的事实，主要以长江三角洲地区内区域规划存在的问题为例，分析了我国区域规划实践中理论和体制等弱化的根源，从而在区域规划的编制形式、编制方法、实施管理体制等方面提出了改进的建议。胡云锋等（2010）[3]主要针对国家新一轮区域规划基本任务的内容，构建了新时期区域规划的参考工作框架，即系统分析阶段、模拟和预测阶段、规划发展阶段、协调决策和跟踪调控阶段，并对各个阶段的工作目标和重点进行了深入研究。丁四保（2013）[4]针对国家出台了大批国家级区域发展战略与规划的情况，阐述了当下我国区域规划中存在的"短板"，从制度经济学的角度分析了中国产权区域制度下的区域规划"私人物品"特征、区域竞争性和排他性，以及进而可能产生的区域与中央政府的博弈关系和区域外部性等问题。王磊和沈建法（2013）[5]事实上主要研究了国家层面的空间规划元素在中国五年规划体系中从无到有、不断丰富完善的演变特点及其机制，指出了五年规划对空间发展的变迁起到了举足轻重

的作用，同时强调了"十一五"规划的划时代意义。刘云中等[6]认为，我国国家战略性区域规划的实施一方面取得了可喜的成就，另一方面也存在缺乏统筹考虑、规划内容趋同、多头管理等问题，且从"国家战略性"区域规划实施效果的角度提出了相关改进意见。丁任重和陈姝兴（2015）[7]提出，新时期我国的区域规划实施过程中存在政策碎片化、普惠化、非动力化等问题，认为未来的区域规划应在国家总体规划的指导下更注重政策的个性化，注重大区域间的协调发展，注重区域协调的机制化，强化各规划间的有效衔接，区域的经济政策与经济体制要相互配套，依靠区域自身发展，提升区域竞争力和发展的质量。董震（2017）[8]根据我国目前的规划体系，将我国沿海的区域规划的发展划分为产业规划、国土规划、城市规划和区域规划四个不同的发展时期，认为我国已经建立起了国家、跨省、省内、城级试点四位一体的沿海区域规划体系，并对我国的沿海区域规划做了未来的展望。

2. 基于国家级区域规划内容、体系及空间约束方面的研究

毛汉英（2005）[9]研究了区域规划的理论和方法基础，认为加强区域规划的迫切性主要集中在区域的协调发展、政府的职能转变、空间调控的加强及国家规划体系的完善。方忠权和丁四保（2008）[10]认为，我国"十一五"规划对主体功能区的划分，即优化开发、重点开发、限制开发和禁止开发四大类，对我国区域规划产生创新性影响，为后续丰富和完善区域规划理论体系和空间体系及区域规划的实施将提供有力的参考。樊杰（2015）[11]组织了国家主体功能区划系列研究项目，提出了优化开发、重点开发、限制开发和禁止开发四类主体功能区，并探讨了以规划为应用指向的主体功能区划分方法，形成了中国首部开发与约束的主体功能区划方案，展示了中国未来国土空间开发与保护格局的蓝图。张衍毓和陈美景（2016）[12]梳理了国际空间规划的经验与理念，并从我国空间规划的改革试点实践出发，提出了空间规划管理体制、协调机制和编制体系的创新路径。

3. 基于国家级区域规划格局与均衡的构想

殷为华和沈玉芳（2007）[13]从思想观念的层面剖析了20世纪90年代以来

我国空间发展出现的"区域城市化"和"城市区域化"的趋势特点及问题所在，认为新区域主义的有益理论更能树立正确的区域观念、改变传统规划思维、协调各类区域规划，从而实现规划战略转型。陈耀（2010a）[14] 主要介绍了自 2009 年以来我国国家级区域规划出台的背景、特点，并且提出了区域协调发展中面临的重大研究课题，通过这些分析，对未来我国区域经济形成新的格局做了展望。陈耀（2010b）[15] 主要强调了我国国家级区域规划要从国家整体战略出发，协调区域内各个规划主体的行动要素，从而将规划的落脚点——建立有效的区域协调机制纳入规划实施的重要内容中，这样才有利于引领国家战略布局的均衡和区域经济的发展。方创琳（2012）对中国城市群形成发育的政策实施效果进行了评价，认为中国城市群的形成主要经过了"六五"计划的序幕篇、"七五"计划初步篇、"八五"计划建设篇、"九五"计划发育篇、"十五"计划方向篇，最终在"十一五"规划中首次把城市群作为推进城镇化的主体空间形态，从而奠定了我国城市群发展的格局。温国政等（2013）[16] 针对我国区域规划中的经济建设问题，提出区域经济的发展重在整体经济的平衡发展，因此应该重点强调东部、中部、西部的经济均衡发展。Li 和 Wu（2013）[17] 从国家结构调整和区域治理变迁的角度分析了中国的区域规划发展，特别以长江三角洲区域规划为例，讨论了区域规划由于部门之间复杂的政治关系而影响不同地方利益的区域规划协调与均衡。

4. 基于国家级区域规划政策的研究

李平和石碧华（2010）首先回顾了我国"十一五"区域政策在经济发展格局、产业结构调整、空间布局、区域合作一体化等方面的成效及不足之处，认为我国区域政策促进了区域的协调发展，但长期非均衡的区域发展积累了不少矛盾和问题，因此在我国"十二五"区域规划中要重视和调整区域政策。晁恒和马学广（2015）[18] 以尺度重构的视角回顾了我国区域发展中国家级新区的设立、发展的演变过程，认为通过设立国家级新区来重塑区域空间生产策略是国家战略性政策的选择，并从制度构建、治理重构、规划整合等方面加以改善。樊杰等（2015）[19]认为，在面向"十三五"国民经济和社会发展规划时，需要重新审视我国的区域战略、规划和政策，特别是创新的区域政策体系，采用类型区和政策区两个维度共建我国区域政策体系，即用两个维度选择国家级的区域政策单元，构建国家层面的区域政策体系；更加注重约束型、限制性政策的运用；进一步完善国土空间开发格局，适应国土空间精细管理的要求，这些措施将进一步促进区域治理体系和治理能力的提高。彭震伟（2016）[20]从"一带一路"倡议对中国城市发展的影响出发，研究了我国城市规划的应对政策，包括城市的战略规划指向、区域基础设施建设的统筹及加强城市与区域规划中的生态研究等，认为这样有利于促进城市产业结构的调整与完善和城市区位条件的变化与提升，为城市发展挖掘更多的机会，同时将改变宏观区域的发展与对外开放格局。

综上所述，我国国家级区域规划实施的研究主要针对其实践和理论问题展开，但对于国家级区域规划实施评估的研究较少，本章重点基于多层次模糊评价方法，以我国2010年发布实施的《长江三角洲地区区域规划》为例，具体对国家级区域规划实施的成效进行评估，以期探究国家级区域规划实施评估的方法和实施的成效。

二、国家级区域规划实施评估指标
体系及模糊评价方法

国家级区域规划实施评估的关键是确定其评估指标体系，多层次模糊评价方法是区域规划实施评估的方法之一。

1. 国家级区域规划实施评估指标体系

国家级区域规划实施评估的指标体系按照"3+1"的指标体系对其进行

实施成效的评估，即利用经济、社会、生态和区域协同与带动4个维度的4个一级指标、10个二级指标和20个三级指标，对国家级区域规划实施以来的成效进行评估，具体利用15个经济、社会和区域协同与带动类预期性指标和5个生态环境与资源利用类约束性指标，对国家级区域规划的实施情况进行综合评估，参见表6－1。

表6－1　国家级区域规划实施评估的指标体系

一级指标及权重	二级指标及权重	三级指标及权重
经济指标 u_1 (0.25)	经济水平指标 u_{11} (0.34)	GDP（亿元）u_{111}（0.25）
		人均 GDP（元）u_{112}（0.25）
		城镇居民人均可支配收入（元）u_{113}（0.25）
		农村居民人均纯收入（元）u_{114}（0.25）
	经济结构指标 u_{12} (0.33)	三次产业结构比重（A：B：C）u_{121}
	经济外向指标 u_{13} (0.33)	进出口总额（亿美元）u_{131}
社会指标 u_2 (0.25)	人口发展指标 u_{21} (0.5)	总人口（万人）u_{211}（0.5）
		三项基本医保参保率（%）u_{212}（0.5）
	科教水平指标 u_{22} (0.5)	研发经费占地区生产总值比重（%）u_{221}（0.5）
		科技进步贡献率（%）u_{222}（0.5）
生态指标 u_3 (0.25)	资源利用指标 u_{31} (0.5)	每万元 GDP 能耗（吨标准煤）u_{311}（0.5）
		每万元 GDP 用水量（立方米）u_{312}（0.5）
	环境发展指标 u_{32} (0.5)	森林覆盖率（%）u_{321}（0.34）
		二氧化硫排放量（万吨）u_{322}（0.33）
		化学需氧量排放量（万吨）u_{323}（0.33）
区域协同与带动指标 u_4 (0.25)	区域协同发展指标 u_{41} (0.34)	区域产业结构差异化指数 u_{411}（0.5）
		人均 GDP 的地区差距：泰尔指数 u_{412}（0.5）
	区域城乡统筹指标 u_{42} (0.33)	城乡居民收入差距（元）u_{421}
	区域带动指标 u_{43} (0.33)	规划区经济总量占国家（或省区市）经济总量比重（%）u_{431}（0.5）
		核心区经济总量占本规划区经济总量比重（%）u_{432}（0.5）

注：生态指标为约束性指标，其他指标均为预期性指标。

2. 国家级区域规划实施的多层次模糊综合评价方法

现代综合评价方法主要包括层次分析法、模糊综合评价法、数据包络分析法、人工神经网络评价法、灰色关联综合评价等方法（杜栋等，2015）[21]。由于模糊评价既可以用于对主观指标的综合评价，也可以用于对客观指标的综合评价，特别是在对主观指标的综合评价中，模糊综合评价法的评价效果要比其他评价方法优越，因此得到了较为广泛的应用（徐建华，2002）[22]。也由于模糊综合评价的结果是以向量的形式出现的，其最初结果不是一个具体的数值点，既可以较为准确、全面地刻画被评价对象的模糊状况，又可以通过进一步加工，得到对被评价对象的客观信息（李希灿和王静，2009）[23]。本章尝试使用该方法评估国家级区域规划实施的成效。

应用模糊综合评判方法评估国家级区域规划实施的成效，主要运用模糊数学的思想，考虑国家级区域规划实施对特定区域的多维方向的影响，将定量与定性分析、确定与不确定性分析相结合，即通过相对精确的数字手段处理模糊的评价对象——国家级区域规划实施的成效，能够对国家级区域规划实施中呈现出的模糊性信息做出比较科学、合理、贴近实际的量化评价，能够较为客观地对影响区域规划实施的多层次、多因素的复杂问题进行综合评估。

模糊评估国家级区域规划实施成效的基本思路为：一是要建立对国家级区域规划实施成效评估的指标集和评价集；二是要分别建立以国家级区域规划实施评估指标体系为基础的各因素的权重和相应的隶属度向量，从而得到模糊评判矩阵。但由于选用国家级区域规划实施评估的指标较多，一是权重分配较难确定，二是即便权重可以恰当分配，但最终要进行归一化处理，其间每一因素的权重必然很小，加上模糊算子的计算能够覆盖较多指标信息，因此采用多层模糊评价模型，建立较为系统的递阶层次结构，即在层次模糊结构模型下，复杂的指标系统由若干子指标组成，这些子指标又按其属性分成若干组，形成不同层次，也就是同一层次的元素作为准则对下一层次的某些元素起支配作用，同时又受上一层次元素的支配，如此这样逐级分析国家级区域规划实施的各影响因素的实施效果（殷为华等，2007）；最后再将模糊评判矩阵与因素的权向量进行模糊运算（模糊算子），得到国家级区域规划实施成效的模糊评估的综合结果（杜栋和庞庆华，2015）。

三、对国家级区域规划《长江三角洲地区区域规划》的评估

本章以中央政府2010年发布实施的《长江三角洲地区区域规划》（国函〔2010〕38号）为案例，具体评估国家级区域规划实施的成效。国家级区域规划实施评估的规范内容应该包括诸如《长江三角洲地区区域规划》实施的组织是否健全，责任分工是否明确，有没有切实可行的政策安排；特别是《长江三角洲地区区域规划》中对于经济、社会、生态和区域协同与带动等主要发展目标的实现情况的评估；长江三角洲地区空间总体布局和结构协同及城乡统筹变化的评估；长江三角洲地区主要园区建设水平、重点产业发展及其创新升级程度、基础设施建设和社会事业与公共服务水平，以及生态环境与资源节约水平等重点任务和重大项目完成效果的评估。

本章研究的重点主要是基于在一致性和有效性评估的基础上，根据研究建立的国家级区域规划实施评估的指标体系，对2010～2015年国家级区域规划《长江三角洲地区区域规划》实施的成效进行评估，主要从经济发展、社会发展、生态环境、区域协同与带动这四个维度和20个具体指标，利用多层次模糊评价方法对《长江三角洲地区区域规划》实施的情况进行详细的评估研究。

1. 确定多层次评估指标集 U

国家级区域规划实施评估体系主要选取了经济指标、社会指标、生态指标及区域带动与协调4个一级指标，经济水平、经济结构、经济外向、人口发

展、科教水平、资源利用、环境发展、区域协同发展、区域城乡统筹、区域带动10个二级指标，以及 GDP、人均 GDP、研发经费等20个三级指标来构建国家级区域规划实施评估指标集 U 对国家级区域规划实施评估，并将评价指标集分为三层（见表6–1）。

2. 原始数据的收集和预处理

通过对数据的整理，对原始数据进行无量纲化的处理，能够得到2010～2015年长江三角洲地区区域规划实施评估指标极大值标准化数据。

3. 确定模糊评判等级评价集 V

将国家级区域规划实施成效的评估等级类型分为成效特别显著、成效显著、成效较好和成效一般，对应评价集 V ＝ ｛V₁，V₂，V₃，V₄｝，目的是综合考虑各项指标的实施情况，从评价集中选出一个最佳的评价结果。

4. 建立分层模糊判断矩阵

专家评分法即从指标体系中选取各个指标，通过专家评价法进行评判，以确定评价对象在评价集中的位置或程度，得到模糊综合判断矩阵（隶属度），即：

$$R = \begin{bmatrix} R_1 \\ R_2 \\ \vdots \\ R_m \end{bmatrix} = \begin{bmatrix} r_{11} & r_{12} & \cdots & r_{1n} \\ r_{21} & r_{22} & \cdots & r_{2n} \\ \vdots & \vdots & \vdots & \vdots \\ r_{m1} & r_{m2} & \cdots & r_{mn} \end{bmatrix}$$

其中，m ＝ 1，2，…，20；n ＝ 2010，2011，…，2015。

本章为了排除主观专家评分法对结果的影响，此处对模糊评判矩阵以一定的标准进行赋值打分（见表6–2）。

经过客观赋值的方法，可以得到各年长江三角洲地区区域规划评价指标的隶属度，见表6–3。具体可以从三级指标开始建立隶属度矩阵，例如2010年

经济水平的隶属度 $R_{11} = \begin{bmatrix} 0.4 \\ 0.4 \\ 0.4 \\ 0.2 \end{bmatrix}$，经济结构的隶属度 $R_{12} = [0.8]$，经济外向的

隶属度 $R_{13} = [0.6]$ 等，其他指标的隶属度向量参见表 6-3。

表 6-2　客观赋值打分

划分标准	评价值	评价语
<0.6	0.2	成效不显著
0.6~0.7	0.4	成效一般
0.7~0.8	0.6	成效较好
0.8~0.9	0.8	成效显著
0.9~1	1	特别显著

5. 确定权重集 A

在实际的研究中，由于各指标的重要程度难以区分，因此采取平均化的方法，即平均分配指标权重集 $A = \{a_i\}$，$i = 1, 2, \cdots, n$，且 $a_1 + a_2 + \cdots + a_n = 1$，见表 6-1。

表 6-3　2010~2015 年《长江三角洲地区区域规划》实施评估指标的隶属度

	评价指标	2010 年	2011 年	2012 年	2013 年	2014 年	2015 年
经济指标	GDP（亿元）	0.4	0.6	0.6	0.8	1	1
	人均 GDP（元）	0.4	0.6	0.6	0.8	1	1
	城镇居民人均可支配收入（元）	0.4	0.6	0.6	0.8	1	1
	农村居民人均纯收入（元）	0.2	0.4	0.6	0.8	1	1
	第三产业所占比重（%）	0.8	0.8	1	1	1	1
	进出口总额（亿美元）	0.6	1	1	1	1	1

续表

	评价指标	2010 年	2011 年	2012 年	2013 年	2014 年	2015 年
社会指标	总人口（万人）	1	1	1	1	1	1
	三项基本医保参保率（%）	1	1	1	1	1	1
	研发经费占地区生产总值比重（%）	0.5	0.8	1	1	1	1
	科技进步贡献率（%）	0.8	1	0.2	0.2	0.2	0.2
生态指标	每万元 GDP 能耗（吨标准煤）	0.8	0.8	0.8	0.8	1	1
	每万元 GDP 用水量（立方米）	0.4	0.6	0.6	0.8	1	1
	森林覆盖率（%）	0.8	0.8	1	1	1	1
	二氧化硫排放量（万吨）	0.6	0.6	0.8	0.8	1	1
	化学需氧量排放量（万吨）	1	0.4	0.4	0.4	0.6	0.6
区域协同与带动指标	区域产业结构差异化指数	0.8	0.6	0.6	0.8	1	1
	人均 GDP 的地区差距：泰尔指数	0.2	0.2	0.4	1	0.8	1
	城乡居民收入差距（元）	1	0.8	0.8	0.6	0.6	0.4
	规划区经济总量占国家（或省区市）经济总量比重（%）	1	1	1	1	1	1
	核心区经济总量占本规划区经济总量比重（%）	1	1	1	1	1	1

6. 建立评判模型，进行分层综合评估

评判模型为 $B_t = A \circ R_t$，B_t 代表各年份一级综合评判值，$t = 2010$，2011，…，2015，其中。为模糊算子，用模型 M（·，+）进行计算，以 2010 年经济指标的评估为例：

首先进行其三级指标的评判，例如：

$u_{11} = \{u_{111}，u_{112}，u_{113}，u_{114}\}$，权重 $A_{11} = \{0.25，0.25，0.25，0.25\}$，

$$R_{11} = \begin{bmatrix} 0.4 \\ 0.4 \\ 0.4 \\ 0.2 \end{bmatrix}，$$

因此 $B_{11} = A_{11} \circ R_{11} = (0.25, 0.25, 0.25, 0.25) \circ \begin{bmatrix} 0.4 \\ 0.4 \\ 0.4 \\ 0.2 \end{bmatrix} = 0.35$

类似地，$B_{12} = A_{12} \circ R_{12} = 0.8$，$B_{13} = A_{13} \circ R_{13} = 0.6$，…，$B_{43} = A_{43} \circ R_{43} = 1$

然后再进行二级指标的评判，例如：

$$B_1 = A_1 \circ R_1 = A_1 \circ \begin{bmatrix} B_{11} \\ B_{12} \\ B_{13} \end{bmatrix} = (0.34, 0.33, 0.33) \circ \begin{bmatrix} 0.35 \\ 0.8 \\ 0.6 \end{bmatrix} = 0.58$$

…，$B_4 = A_4 \circ R_4 = A_4 \circ \begin{bmatrix} B_{41} \\ B_{42} \\ B_{43} \end{bmatrix} = (0.34, 0.33, 0.33) \circ \begin{bmatrix} 0.5 \\ 1 \\ 1 \end{bmatrix} = 0.83$

最后一级指标的综合评判，例如：

$$B_{2010} = A \circ R = A \circ \begin{bmatrix} B_1 \\ B_2 \\ B_3 \\ B_4 \end{bmatrix} = (0.25, 0.25, 0.25, 0.25) \circ \begin{bmatrix} 0.58 \\ 0.83 \\ 0.70 \\ 0.83 \end{bmatrix} = 0.73$$

类似地，$B_{2011} = 0.78$，$B_{2012} = 0.80$，$B_{2013} = 0.83$，$B_{2014} = 0.89$，$B_{2015} = 0.88$

7. 国家级区域规划实施评估的结果及其分析

根据最大隶属原则，选取数值最大的对应的模糊评判等级评语集中的评价，即为区域规划实施成效评估的结果。综合以上的计算过程，2010～2015年评估的结果如表6-4、图6-1和图6-2所示。

从根据2010～2015年《长江三角洲地区区域规划》具体实施评估的结果看，2010～2015年长江三角洲地区规划实施的经济指标、生态指标的评分结果大体呈逐年增大的趋势，社会和区域协同与带动指标在波动中有所下滑。其

表6－4 2010～2015年《长江三角洲地区区域规划》实施评估的综合结果

	指标	2010 年	2011 年	2012 年	2013 年	2014 年	2015 年
二级综合评判	经济	0.58	0.78	0.86	0.93	1.00	1.00
	社会	0.83	0.95	0.80	0.80	0.80	0.80
	生态	0.70	0.65	0.72	0.77	0.93	0.93
	区域协同与带动	0.83	0.73	0.80	0.83	0.83	0.80
一级综合评判	—	0.73	0.78	0.80	0.83	0.89	0.88

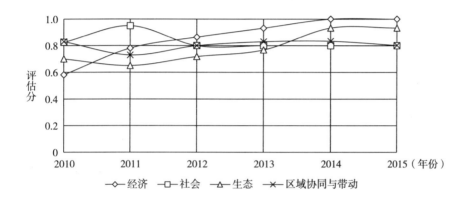

图6－1 2010～2015年《长江三角洲地区区域规划》"3＋1"指标实施评估的结果

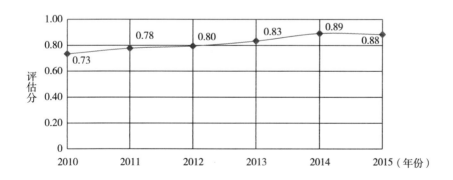

图6－2 2010～2015年《长江三角洲地区区域规划》实施的综合评估结果

中，经济指标实施成效特别（持续）显著，由2010年的0.58增加到2014年和2015年的1.00；社会指标的实施结果在2011年达到特别显著，2012～2015

年实施成效虽然显著，但低于规划实施初的 2010 年，特别是 2013～2015 年长三角区域的科技进步贡献率处于较低水平；生态指标在波动中趋于特别显著，但化学需氧量排放量有所增加，2015 年比 2010 年增加排放 44 万吨；区域协同与带动指标在波动中趋于下滑，比规划实施初下滑了 0.03 个分值点，而规划期内实施的成效接近显著，但长三角区域城乡居民的收入差距在持续扩大，2015 年其差距一度扩大到 23767 元，比 2010 年扩大 7742 元；在 2012 年以后，经济指标实施的成效高出同期社会、生态、区域协同与带动指标实施的成效，这在一定程度上已经说明新的《长江三角洲地区区域规划》中经济指标实施的成效已经成为区域规划实施成效的决定性因素，当然社会、区域协同与带动和生态环境的持续改善仍然有较大的提升空间。

从 2010～2015 年《长江三角洲地区区域规划》实施综合评估的结果看，2010～2014 年《长江三角洲地区区域规划》实施的成效在逐年提高，2015 年比 2014 年减少 0.01 分，但 2015 年比规划实施初 2010 年的评分提高了 0.15 个分值点，说明 2010～2015 年《长江三角洲地区区域规划》的实施成效是显著的，但从全国范围来看，长江三角洲地区区域规划的协调与带动水平有所减缓。

四、对提高国家级区域规划实施成效的政策建议

为了防止长江三角洲地区对我国国民经济和长江经济带的区域协调与带动作用的减弱，考虑到新一轮长江三角洲区域规划的范围扩大到安徽省，新长三角即"三省一市"长江三角洲区域规划的进一步有效实施，需要特别注重解决原《长江三角洲地区区域规划》实施评估中存在的问题，需要以"增设上海自贸试验区新片区、在上海证交所设立科创板并试点注册制、实施长三角一

体化发展国家战略"这三项新的重大任务为契机，根据实际情况，找准切入点，以期切实提高长江三角洲区域协同与带动的能力和水平[24]。

1. 真正使《长江三角洲地区区域规划》的实施成为提高长江三角洲地区协同与带动能力的"指南"和"抓手"

一是要使《长江三角洲地区区域规划》的制定、实施、评估、反馈和修订真正成为该区域"三省一市"通力协作的共同行动的"指南"和"抓手"，使新的《长江三角洲地区区域规划》与"一带一路"建设、京津冀协同发展、长江经济带发展、粤港澳大湾区建设及我国"四大板块"区域发展总体战略、国民经济和社会发展总体规划等国家重大发展规划协同对接和协同行动；二是进一步形成共同完善长三角地区合作与发展联席会议等推进机制，协调落实国家战略部署和长三角地区主要领导座谈会要求，共同组建长三角区域合作办公室，共同及时制订《长江三角洲地区区域规划》的行动计划并组织实施，避免重复规划和多头规划。聚焦《长江三角洲地区区域规划》与其他重大规划对接，真正实现长三角区域协同创新、基础设施互联互通、生态环境联防联控、民生工程共建共享等长三角区域一体化发展的重大事项和重大项目的无缝对接，做到规划、预算、法规、标准、监管等文件和行动的"齐步走"。

2. 切实建立具有国际竞争力的高质量、高水平的长三角区域现代化经济体系，持续提高《长江三角洲地区区域规划》实施的经济成效

一是要抓住创新引领的"纲"，调整产业结构的"目"，既要发掘和塑造长三角区域具有国际竞争力的分工合理、空间布局均衡、各具特色的现代化产业体系，又要加快形成实体经济、科技创新、现代金融、人力资源协同发展的现代化产业体系，特别是在智能制造、航空、汽车、电子信息等高精尖领域有重大突破；二是要建立统一开放、竞争有序、安全高效的国际化市场体系，既要营造公平竞争有序、办事方便成本低、鼓励做事风险低的区域性基本发展环境，更要使产权制度完善、市场平台健全、要素自由流动、价格反应灵活、平等顺畅交换的市场基本环境，也要使生产经营者真正成为"自主决策、自主

经营、自担风险、理性约束"的市场供给主体，还要使消费者真正实现"自由选择、自主消费、安全消费和理性消费"的市场需求主体；三是在更好发挥市场在资源配置中的决定作用的前提下，更好发挥政府的宏观调控、市场监管、公共服务、社会管理、保护环境的职能，这是建立具有国际竞争力的高质量、高水平的长三角区域现代化经济体系的基本要求，也是更好实施《长江三角洲地区区域规划》和增强长三角地区协同与带动能力的关键举措。

3. 持续增加科技研发投入，切实提高长三角区域的科技进步贡献率

一是要切实建立新长三角区域协同创新的网络体系，切实增强新长江三角洲地区政、产、学、研、金（金融）、介（各种中介组织）螺旋上升的水平，实现创新要素的自由流动、创新主体的强强联合、创新环境的持续优化，实现新长三角区域科技创新网络集群式发展，切实增强新长三角区域市场化、一体化和国际化发展的潜力，切实加强产学研相互转化的力度、深度和广度，使新长三角区域性科技进步率实现质的跃升；二是同时要实现长三角区域科技创新资源的互补、整合和共享。主要针对长三角地区各省市所具有的各有所长的资源禀赋来进行优势互补，例如上海市是全国性的经济金融中心和研发中心，可提供较为优厚的资金支持和研发支持，江苏省有着较强的技术创新基础优势，而浙江的民间金融相对较发达，安徽省的矿产资源开发利用规模和丰富的旅游文化资源在华东地区乃至全国占有重要地位，这就形成了资金、技术、资金、资源等区域科技创新资源互补、整合和共享的客观上的需求，从而为长三角技术创新提供了良好的区域性创新网络和区域性创新发展条件及可能形成的创新平台，以此利用科技进步提高区域核心竞争力，促使长江三角洲地区向着高质量发展。

4. 采取切实措施缩小长三角区域城乡居民收入差距

除了切实增加长三角地区的研发投入和建立一体化的高质量的长三角现代化经济体系之外，要重点优化和协作配置长三角区域教育资源，因为长江三角洲地区区域规划范围中的上海市的教育水平在各省市中处于领先水平，其他三

省的教育资源远落后于上海市，特别是新加入的安徽省的教育资源相对更加落后，采取有效的倾斜性措施向长三角落后地区配置协作性教育资源，旨在提高长三角落后地区的教育水平和教育质量，这是缩小长三角区域城乡居民收入差距的长期的根本性的措施。

5. 持续保持和改善长三角区域的生态环境

通过对 2010 ~ 2015 年国家级区域规划《长江三角洲地区区域规划》实施成效评估的发现，虽然规划实施期长江三角洲的资源利用水平和生态环境发展状况得到明显改善，但化学需氧量排放量有所增加，需要在共同建设长三角区域环境信息共享平台的基础上，做到实时共享区域内环境监测数据，切实建立起长三角区域联防联控的应急相应协调机制，切实保护自然资源和自然生态环境，规范和减少区域性生产和生活的不当排污或破坏生态环境的行为，严守生态红线，确保区域内流域水质安全，严格控制结构性污染，持续改善大气质量，共同构筑长三角区域生态安全屏障，进一步协调、塑造和形成人与自然的和谐关系，实现长三角区域经济、社会与生态环境的协调与和谐发展。

6. 持续增强国家级《长江三角洲地区区域规划》的实施对规划区域及我国国民经济的协调与带动作用

站在新时代国家改革开放空间重点优化、高质量发展、龙头带动的高度，共同抓住"支持长江三角洲区域一体化发展并上升为国家战略"的新的重大历史机遇，紧紧协同配合"一带一路"建设、京津冀协同发展、长江经济带发展、粤港澳大湾区建设，按照"上海进一步发挥龙头带动作用，苏浙皖各扬其长"的推进路径，"三省一市"协同建设更具全球竞争力的世界级城市群，协同推动长三角地区更高质量一体化发展，更好协调与带动长江经济带建设，更好协调与带动国家发展空间与发展格局的优化与提升。

参考文献

[1] 习近平. 决胜全面建成小康社会　夺取新时代中国特色社会主义伟

大胜利——在中国共产党第十九次全国代表大会上的报告［M］．北京：人民出版社，2017.

［2］李广斌，王喜，王勇．我国区域规划存在问题及其调整思考［J］．地域研究与开发，2006（5）：10－13.

［3］胡云锋，曾澜，李军，刘纪远．新时期区域规划的基本任务与工作框架［J］．地域研究与开发，2010（4）：6－9.

［4］丁四保．从区域规划看中国的区域制度［J］．地理科学，2013（2）：129－133.

［5］王磊，沈建法．空间规划政策在中国五年计划/规划体系中的演变［J］．地理科学进展，2013（8）：1195－1205.

［6］刘云中，侯永志，兰宗敏．我国"国家战略性"区域规划的实施效果、存在问题和改进建议［J］．重庆理工大学学报（社会科学），2013（6）：1－5.

［7］丁任重，陈姝兴．大区域协调：新时期我国区域经济政策的趋向分析——兼论区域经济政策"碎片化"现象［J］．经济学动态，2015（5）：4－10.

［8］董震．我国沿海区域规划的发展历程和未来展望［J］．海洋开发与管理，2017（5）：26－32.

［9］毛汉英．新时期区域规划的理论、方法与实践［J］．地域研究与开发，2005（6）：1－6.

［10］方忠权，丁四保．主体功能区划与中国区域规划创新［J］．地理科学，2008（4）：493－487.

［11］樊杰．中国主体功能区划方案［J］．地理学报，2015（2）：186－201.

［12］张衍毓，陈美景．国土空间系统认知与规划改革构想［J］．中国土地科学，2016（2）：11－21.

［13］殷为华，沈玉芳，杨万钟．基于新区域主义的我国区域规划转型研究［J］．地域研究与开发，2007（5）：12-15.

［14］陈耀．国家级区域规划与区域经济新格局［J］．中国发展观察，2010（3）：13-15.

［15］陈耀．我国区域规划特点、问题及区域发展新格局［J］．创新，2010（3）：5-7.

［16］温国政，温铂，肖艳．国家战略性区域规划中区域经济的战略转向及制度构建［J］．商业时代，2013（30）：132-133.

［17］Yi Li, Fulong Wu. The Emergence of Centrally Initiated Regional Plan in China: A Case Study of Yangtze River Delta Regional Plan［J］. Habitat International, 2013（39）：137-147.

［18］晁恒，马学广，李贵才．尺度重构视角下国家战略区域的空间生产策略——基于国家级新区的探讨［J］．经济地理，2015（5）：1-8.

［19］樊杰，郭锐．面向"十三五"创新区域治理体系的若干重点问题［J］．经济地理，2015（1）：1-6.

［20］彭震伟．"一带一路"战略对中国城市发展的影响及城市规划应对［J］．规划师，2016（2）：11-16.

［21］杜栋，庞庆华，吴炎．现代综合评价方法与案例精选［M］．北京：清华大学出版社，2015.

［22］徐建华．现代地理学中的数学方法［M］．北京：高等教育出版社，2002.

［23］李希灿，王静，邵晓梅．模糊数学方法在中国土地资源评价中的应用进展［J］．地理科学进展，2009，28（3）：409-416.

［24］习近平．共建创新包容的开放型世界经济［M］．北京：人民出版社，2018.

第七章　基于灰色关联评价的省级 区域规划实施成效评估

2018 年 11 月 18 日，党中央和国务院出台了《关于建立更加有效的区域协调发展新机制的意见》，要求坚持中央统筹与地方负责相结合，加强中央对区域协调发展新机制的顶层设计，明确地方政府的实施主体责任，充分调动地方按照区域协调发展新机制推动本地区协调发展的主动性和积极性。这是全面落实区域协调发展战略各项任务，促进国家级区域和地方区域协调发展向更高水平和更高质量迈进的重大举措[1]。

国家和省级发展规划和空间规划体系的有效实施是"实施区域协调发展战略"、建立更加有效的区域协调发展新机制的重要"抓手"。省级区域规划是在省（自治区、直辖市）域范围内承担特定区域重大改革发展战略任务的发展规划，是对省（自治区、直辖市）域内特定范围制定、批准和实施的跨行政区的发展规划。"十一五"以来，全国各省（自治区、直辖市）先后批准、实施了众多广义的各自特定区域的省级区域规划。在国家全面"实施区域协调发展战略"的伟大实践中，研究和评估省级区域规划实施的成效，探究其实施评估的方法，对于建立更加有效的区域协调发展新机制具有重要的现实意义。

评估省级区域规划实施的成效，一般采取能够考虑多种因素的现代综合评价方法。近年来，很多学者尝试利用灰色关联分析方法对企业、产业、区域及空间发展等问题进行综合评价。如金桂生和潘慧灵（2011）[2]、罗毅和李昱龙（2013）[3]、陈瑞珍等（2015）[4]、Lv 等（2017）[5]、Zhou 等（2012）[6]运用灰色关联方法对企业决策和工程项目进行了综合评价；杨建仁和刘卫东（2011）[7]、严武和王辉（2012）[8]、彭继增等（2015）[9]、Liu 等（2017）[10]运用该方法对产业及产业关联结构进行了评价分析；单瑞峰和孙小银（2008）[11]、张家其等（2014）[12]、刘思峰等（2013）[13]运用该方法对区域问题、区域经济及空间关系进行了综合评估。也就是说，灰色关联评估分析方法的应用范围越来越大，其最大的优点是由于对研究对象的样本量没有太高的要求，其应用也不需要符合典型的分布规律，计算量大大缩小，使该方法具有很强的实用性。本章尝试应用该方法对省级区域规划《广西北部湾经济区发展规划》的实施成效进行评估。

一、省级区域规划实施成效评估的内容和指标体系

对省级区域规划实施成效的评估，譬如对 2008 年中央政府批准的《广西北部湾经济区发展规划》（以下简称"北部湾规划"）（原规划期为 2006～2020 年）评估的规范内容应包括对其实施的组织是否健全、责任分工是否明确、有没有切实可行的政策安排（包括地方政府职责范围内的事项），特别是对《广西北部湾经济区发展规划》的经济、社会、生态和区域协同与带动等主要发展目标的实现程度进行评估，对北部湾经济区空间总体布局和结构协同及城乡统筹变化的评估，对北部湾经济区主要园区建设水平、重点产业发展及其创新升级程度、基础设施建设和社会事业与公共服务水平，以及生态环境与资源节约水平等重点任务和重大项目的完成效果进行评估。

本章研究的重点是主要在基于一致性和有效性的基础上，根据研究建立的

省级区域规划实施评估的指标体系，对 2008 年中央政府批准的《广西北部湾经济区发展规划》（其规划范围包括广西壮族自治区的南宁市、北海市、防城港市和钦州市）实施以来的成效进行评估，根据省级区域规划的初衷，借鉴国内外的经验，结合区域规划实施评估的规范内容要求，特别是其中对省级区域规划主要发展目标实现程度评估的需要，主要通过研究建立"3 + 1"指标体系，即从经济发展、社会发展和生态环境三个维度，加上区域协同与带动这四大类一级指标，包括其中的八个二级指标和 15 个三级指标，具体对《广西北部湾经济区发展规划》的总体实施成效进行详细定量分析和评估，其评估指标体系参见表 7 - 1。

表 7 - 1　省级区域规划实施评估的"3 + 1"指标体系及权重分布

目标	一级指标及权重	指标类型	二级指标及权重
省级区域规划实施评估 A	经济指标 B_1 （0.25）	1. 经济水平指标	GDP（亿元）x_1（0.25）
			人均 GDP（元）x_2（0.25）
			城镇居民人均可支配收入（元）x_3（0.25）
			农村居民人均纯收入（元）x_4（0.25）
	社会指标 B_2 （0.25）	2. 人口发展指标	总人口（万人）x_5（0.5）
		3. 科教水平指标	研发经费占地区生产总值比重（%）x_6（0.5）
	生态指标 B_3 （0.25）	4. 资源利用指标	每万元 GDP 能耗（吨标准煤）x_7（0.2）
			每万元 GDP 用水量（立方米）x_8（0.2）
		5. 环境发展指标	森林覆盖率（%）x_9（0.2）
			二氧化硫排放量（万吨）x_{10}（0.2）
			化学需氧量排放量（万吨）x_{11}（0.2）
	区域协同与带动指标 B_4（0.25）	6. 区域协同发展指标	区域产业结构差异化指数 x_{12}（0.25）
			人均 GDP 的地区差距：泰尔指数 x_{13}（0.25）
		7. 区域城乡统筹指标	城乡居民收入差距（元）x_{14}（0.25）
		8. 区域带动指标	规划区经济总量占省区市（或国家）经济总量比重（%）x_{15}（0.25）

注：表中生态指标为约束性指标，其他指标均为预期性指标。

二、省级区域规划实施评估的灰色关联评估方法

基于省级区域规划评估采用的灰色关联评估方法（杜栋等，2015[14]；李万果，2015[15]），需要构建该区域规划实施评估的特定评估期间的各评价指标的被比较时间数列和目标数列，在对原始数据进行无量纲化处理的基础上，通过计算被比较数列相对于目标数列各指标的关联系数，进而计算出省级区域规划实施评估的多层结构关联度，最后评估得出特定区域规划实施的综合成效。

1. 构建省级区域规划实施评估指标体系被比较数列

该系统由三层指标构成：第一层，目标层，省级区域规划实施评估（A）；第二层，系统层，包括经济系统（B_1）、社会系统（B_2）、生态系统（B_3）、区域协同与带动系统（B_4）；第三层，指标层，共15个指标（x_1，x_2，$\cdots$，x_{15}），即构成被比较数列：

$$x_i = \{x_i(1)，x_i(2)，\cdots，x_i(k)\}$$

其中，k表示纵向数列中的指标个数，即k＝1，2，$\cdots$，15；i为规划实施的时间，本章主要选取2005～2015年《广西北部湾经济区发展规划》实施的数据进行评估分析，也就是i＝2005，2006，$\cdots$，2015，以下类同。省级区域规划实施评估的被比较数列由各年指标实际完成数值构成，参见表7－2和表7－3。

2. 确定省级区域规划实施评估的目标数列

根据2008年中央政府批准的《广西北部湾经济区发展规划》和2014年修订的《广西北部湾经济区发展规划》测算得到目标数列x_0，即

$$x_0 = \{x_0(1)，x_0(2)，\cdots，x_0(k)\}$$

表7-2 被比较数列和目标数列

年份 指标数列	2005	2006	2007	2008	2009	2010	2011	2012	2013	2014	2015	目标数列
x_1	1205.27	1434.47	1778.79	2219.70	2492.99	3042.75	3770.17	4268.58	4817.43	5448.71	5867.15	5241.00
x_2	10145.37	11547.79	14424.70	17612.87	19603.14	25048.36	30710.71	34471.29	38532.97	43222.80	46054.79	38290.86
x_3	8639.75	9931.75	12106.75	14226.17	15805.75	17504.26	19407.75	21891.50	24085.50	26210.25	28137.25	23393.86
x_4	2913.58	3256.00	3758.25	4306.89	4713.75	5349.75	6191.50	7170.75	8133.75	9017.75	9867.50	8204.03
x_5	1229.70	1254.72	1279.14	1298.68	1316.19	1313.71	1324.15	1335.97	1383.37	1395.21	1411.91	1514.37
x_6	0.50	0.37	1.08	0.53	0.63	0.69	0.83	0.92	0.89	0.73	0.70	1.37
x_7	1.01	0.98	0.95	0.92	0.90	0.88	0.79	0.72	0.69	0.64	0.61	0.81
x_8	563.86	475.30	390.32	335.69	278.54	228.46	193.44	176.43	161.39	139.26	127.18	113.21
x_9	45.59	45.14	45.84	46.27	45.00	45.00	48.65	49.16	49.64	49.87	50.03	49.93
x_{10}	16.29	16.04	15.82	15.25	16.16	19.84	10.42	9.32	9.29	9.66	9.87	9.26
x_{11}	31.60	29.31	28.22	28.01	27.71	26.51	23.39	22.89	22.40	21.21	19.72	22.24
x_{12}	0.43	0.39	0.45	0.46	0.47	0.50	0.49	0.47	0.42	0.52	0.51	0.51
x_{13}	0.05	0.08	0.08	0.12	0.12	0.10	0.13	0.13	0.16	0.16	0.14	0.14
x_{14}	5726.18	6675.75	8348.50	9919.28	11092.00	12154.51	13216.25	14720.75	15951.75	17192.50	18269.75	15189.83
x_{15}	29.57	29.71	29.87	30.95	32.13	31.80	32.17	32.75	33.51	34.77	34.92	36.45

注：被比较数列数据来源于各省份的国家统计年鉴和广西壮族自治区统计年鉴和南宁市、北海市、防城港市、钦州市统计年鉴。

3. 省级区域规划实施评估的被比较数列和目标数列的无量纲化处理

此处采用极差标准化，即

$$Y = \{y_i(k)\}_{n \times m}, \text{其中} y_i(k) = \frac{x_{i(k)} - T_{min}}{T_{max} - T_{min}}, T_{max} = \max_i x_i(k), T_{min} = \min_i$$

$x_i(k) \ k = 1, 2, \cdots, n; i = 1, 2, \cdots, m$。由此可知经过无量纲化处理的被比较数列 y_i 和目标数列为 y_0。

将被比较数列和目标数列进行无量纲化处理，结果如表7-3所示。

表7-3 被比较数列和目标数列无量纲化结果

年份\指标	2005	2006	2007	2008	2009	2010	2011	2012	2013	2014	2015	目标
y_1	0.00	0.05	0.12	0.22	0.28	0.39	0.55	0.66	0.77	0.91	1.00	0.87
y_2	0.00	0.04	0.12	0.21	0.26	0.42	0.57	0.68	0.79	0.92	1.00	0.78
y_3	0.00	0.07	0.18	0.29	0.37	0.45	0.55	0.68	0.79	0.90	1.00	0.76
y_4	0.00	0.05	0.12	0.20	0.26	0.35	0.47	0.61	0.75	0.88	1.00	0.76
y_5	0.00	0.09	0.17	0.24	0.30	0.30	0.33	0.37	0.54	0.58	0.64	1.00
y_6	0.13	0.00	0.71	0.15	0.26	0.32	0.46	0.55	0.51	0.36	0.33	1.00
y_7	1.00	0.93	0.86	0.77	0.73	0.68	0.45	0.28	0.20	0.08	0.00	0.50
y_8	1.00	0.80	0.61	0.49	0.37	0.26	0.18	0.14	0.11	0.06	0.03	0.00
y_9	0.12	0.03	0.17	0.25	0.00	0.00	0.73	0.83	0.92	0.97	1.00	0.98
y_{10}	0.66	0.64	0.62	0.57	0.65	1.00	0.11	0.01	0.00	0.04	0.06	0.00
y_{11}	1.00	0.81	0.72	0.70	0.67	0.57	0.31	0.27	0.23	0.13	0.00	0.21
y_{12}	0.27	0.00	0.41	0.49	0.60	0.81	0.74	0.56	0.18	1.00	0.88	0.88
y_{13}	0.00	0.26	0.30	0.66	0.63	0.43	0.75	0.73	0.99	1.00	0.83	0.77
y_{14}	0.00	0.08	0.21	0.33	0.43	0.51	0.60	0.72	0.82	0.91	1.00	0.75
y_{15}	0.00	0.02	0.04	0.20	0.37	0.32	0.38	0.46	0.57	0.75	0.78	1.00

4. 省级区域规划实施评估的各数列关联度系数的计算

主要计算被比较数列相对于目标数列指标的关联系数：

$$\xi_i = \frac{\Delta_{min} + \rho\Delta_{max}}{\Delta_i\ (k)\ + \rho\Delta_{max}}$$

其中，$\Delta_{min} = \min_i \min_k |y_0\ (k)\ - y_i\ (k)|$，表示被比较数列与目标数列在第 k 个评价指标上的绝对差值的最小值；$\Delta_{max} = \max_i \max_k |y_0\ (k)\ - y_i\ (k)|$，表示被比较数列与目标数列在第 k 个评价指标上的绝对差值的最大值；Δ_i $(k)\ = |y_0\ (k)\ - y_i\ (k)|$ 表示被比较数列与目标数列在第 k 个评价指标上的绝对差值；ρ 为分辨系数，$\rho \in [0, 1]$，引入分辨系数是为了尽可能消除极值对计算的影响，但在实际的研究中一般取 $\rho = 0.5$。

利用公式计算关联系数 ξ_i，得到下列关联系数矩阵：

$$E = (\xi_i)_{m \times n} = \begin{bmatrix} \xi_{11} & \xi_{12} & \cdots & \xi_{1n} \\ \xi_{21} & \xi_{22} & \cdots & \xi_{2n} \\ \vdots & \vdots & \vdots & \vdots \\ \xi_{m1} & \xi_{m2} & \cdots & \xi_{mn} \end{bmatrix}$$

根据关联系数的计算公式，计算被比较数列对应目标数列的关联度系数 ξ_i，结果如表 7-4 所示。

表7-4　被比较数列相对目标数列的关联度系数结果

关联系数 ＼ 年份	2005	2006	2007	2008	2009	2010	2011	2012	2013	2014	2015
ξ_1	0.37	0.38	0.40	0.44	0.46	0.51	0.61	0.71	0.85	0.92	0.79
ξ_2	0.39	0.40	0.43	0.46	0.49	0.58	0.70	0.82	0.99	0.78	0.70
ξ_3	0.40	0.42	0.46	0.52	0.56	0.62	0.71	0.87	0.93	0.78	0.67
ξ_4	0.40	0.41	0.44	0.47	0.50	0.55	0.63	0.77	0.98	0.81	0.68
ξ_5	0.33	0.35	0.38	0.40	0.42	0.41	0.43	0.44	0.52	0.54	0.58
ξ_6	0.36	0.33	0.63	0.37	0.40	0.42	0.48	0.53	0.51	0.44	0.43
ξ_7	0.50	0.54	0.58	0.65	0.69	0.74	0.91	0.69	0.62	0.54	0.50
ξ_8	0.33	0.38	0.45	0.50	0.58	0.66	0.74	0.78	0.82	0.90	0.94

续表

年份 关联系数	2005	2006	2007	2008	2009	2010	2011	2012	2013	2014	2015
ξ_9	0.37	0.34	0.38	0.41	0.34	0.34	0.66	0.77	0.90	0.98	0.96
ξ_{10}	0.43	0.44	0.45	0.47	0.43	0.33	0.82	0.99	0.99	0.93	0.90
ξ_{11}	0.39	0.46	0.50	0.51	0.52	0.58	0.84	0.90	0.97	0.85	0.70
ξ_{12}	0.45	0.36	0.51	0.56	0.64	0.87	0.78	0.61	0.41	0.81	1.00
ξ_{13}	0.39	0.50	0.52	0.81	0.78	0.60	0.96	0.93	0.70	0.69	0.89
ξ_{14}	0.40	0.42	0.48	0.54	0.60	0.67	0.76	0.93	0.89	0.76	0.67
ξ_{15}	0.33	0.34	0.34	0.38	0.44	0.42	0.45	0.48	0.54	0.67	0.69

5. 省级区域规划实施评估指标权重

常用的确定指标体系权重的方法有很多，主要分为主观和客观两种方法，为了避免主观因素造成的个人偏见，在本章中我们将各层次评估指标的权重均等化，即某一层的各指标相对于上层目标的权重为 $w = (w_1, w_2, \cdots, w_n)$，其中 $\sum_{k=1}^{t} w_k = 1$，t 表示该层中的指标个数，参见表 7–1。

6. 省级区域规划实施评估的多层结构关联度的合成计算

假设各层的相对权重为 $w_{AB} = (a_1, a_2, a_3, a_4)$，$w_{B_1X} = (b_1, b_2, b_3, b_4)$，以此类推会得到 w_{B_2X}，w_{B_3X}，w_{B_4X}，相应地也会得出关联系数 E_{B_1X}，E_{B_2X}，E_{B_3X}，E_{B_4X}。利用公式 $R = W \times E^T$ 可以得到 B 层各指标的关联度，例如 $R_{B_1} = W_{B_1X}E_{B_1X}^T = (b_1, b_2, b_3, b_4)(\xi_1, \xi_2, \xi_3, \xi_4)^T$ 等，进一步可求得最高层指标 A 的关联度。

$$R_A = w_{AB}\left[R_{B_1}, R_{B_2}, R_{B_3}, R_{B_4}\right]$$

其中，R_A 代表省级区域规划评估关联度，R_{B_1} 代表经济指标关联度，R_{B_2} 代表社会指标关联度，R_{B_3} 代表生态指标关联度，R_{B_4} 代表区域协同与带动的关联度。

根据上述权重和关联系数，运用多层结构关联度合成公式对综合要素进行汇总计算，结果如表7-5所示。

表7-5 综合要素关联度计算结果

年份 关联度	2005	2006	2007	2008	2009	2010	2011	2012	2013	2014	2015
R_A	0.38	0.40	0.47	0.48	0.51	0.54	0.66	0.71	0.74	0.72	0.71
R_{B_1}	0.39	0.40	0.43	0.47	0.50	0.57	0.66	0.79	0.94	0.82	0.71
R_{B_2}	0.35	0.34	0.50	0.38	0.41	0.42	0.45	0.48	0.51	0.49	0.50
R_{B_3}	0.40	0.43	0.47	0.51	0.51	0.53	0.79	0.83	0.86	0.84	0.80
R_{B_4}	0.39	0.41	0.46	0.58	0.62	0.64	0.73	0.74	0.64	0.73	0.81

7. 省级区域规划实施评估的评判指标结果分析

以上述分析为依托，主要对省级区域规划实施评估的结果作关联度分析。根据关联度的分析方法，关联度越高，表示该影响省级区域规划实施成效因素的优势越明显，因此从分析结果出发对关联度进行分级评价，如表7-6所示。

表7-6 关联度分级评价

关联度	关联程度	含义	区域规划实施成效的水平
0~0.2	低	被比较指标与目标有很大偏差	低
0.2~0.4	较低	被比较指标与目标有较大偏差	较低
0.4~0.6	中等	被比较指标与目标有一定偏差	中等
0.6~0.8	较高	被比较指标与目标接近	较高
0.8~1	高	被比较指标与目标逼近	高

根据表7-6对关联度进行的分级评价，其灰色关联度越大，表明其区域规划实施的成效越大，反之亦然。将该区域规划实施的综合成效和各影响指标的具体实施成效进行统计列示（见表7-7），据此可以分析2005~2015年《广西北部湾经济区发展规划》实施评估的成效及其趋势。

表7-7　2005~2015年《广西北部湾经济区发展规划》实施成效评估结果

指标＼年份	2005	2006	2007	2008	2009	2010	2011	2012	2013	2014	2015
A	中等	中等	中等	中等	中等	中等	中等	较高	较高	较高	高
B_1	较低	较低	较低	较低	中等	中等	中等	中等	较高	高	高
B_2	较低	较低	较高	中等	中等	中等	中等	较高	较高	较高	较高
B_3	较低	较低	中等	中等	中等	较高	较高	高	高	高
B_4	较高	较高	较高	较高	中等	中等	中等	中等	中等	中等

注：A代表省级区域规划综合实施成效水平，B_1代表经济发展成效水平，B_2代表社会发展成效水平，B_3代表生态发展成效水平，B_4代表区域协同与带动发展成效水平。

依据表7-6、表7-7和图7-1，《广西北部湾经济区发展规划》实施的综合成效基本呈现逐年提高的趋势，其规划实施的综合成效水平年均提高5.98个百分点；但其中2005~2011年《广西北部湾经济区发展规划》实施的成效在波动中基本处于中等水平，此期间其规划实施的综合成效水平年均提高3.87个百分点，表明规划实施的各项措施仍在探索或因为经济危机等原因而发力不够，特别是在2007~2009年其规划实施的成效有所下滑；2012~2015年《广西北部湾经济区发展规划》实施的成效呈现逐年提高的趋势，此期间其规划实施的综合成效水平年均提高9.29个百分点，说明近些年规划实施的组织、规划实施的具体措施在持续发力。

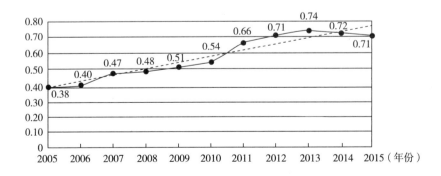

图7-1　2005~2015年《广西北部湾经济区发展规划》实施的综合成效评估结果

依据表7-6、表7-7和图7-2，结合原始数据分析，从《广西北部湾经济区发展规划》3+1指标具体实施的成效看，其中2005~2015年经济指标实施的成效由"较低"到稳步、快速提升至实施成效"高"的水平，且其实施成效年平均提升11个百分点，特别是其人均GDP、城镇居民人均可支配收入和农村居民人均纯收入超过了GDP的增速；社会指标2005~2013年实施的成效由"较低"快速提升为"较高"水平，但其后至2015年其实施的成效有所减缓，社会指标实施成效年平均提升7.61个百分点，其增速较低的原因可能是研发经费占地区生产总值的比重较低；2005~2015年生态指标实施的成效由"较低"到快速、稳步提升至实施成效"高"的水平，且其实施成效年平均提升10.59个百分点，但其二氧化硫排放量略有增加。

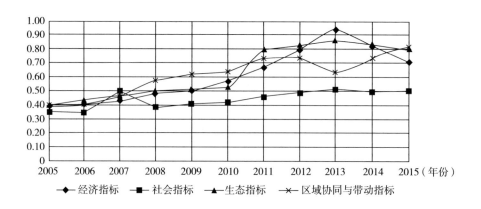

图7-2 2005~2015年《广西北部湾经济区发展规划》具体实施成效评估结果

值得注意的是，2005~2015年《广西北部湾经济区发展规划》实施的区域协同与带动能力总体呈现下降趋势，即由"较高"实施成效水平下降至"中等"实施成效水平，其区域协同与带动能力年均降低3.56个百分点，但2014年和2015年略有回升。可能主要原因是区域产业结构差异化不大，11年来，其区域产业结构差异化指数徘徊在0.2上下，2015年回落至0.18；人均GDP的地区差距即泰尔指数仍然偏大，由2005年的0.05增大到2015年的

0.14；城乡居民收入差距在逐渐扩大，2015 年一度扩大到 18269.75 元，而 2005 年其差距仅为 5726.18 元。

三、对提高省级区域规划实施成效的政策建议

由于广西北部湾经济区是我国面向东盟合作的重要国际区域经济合作区，承担着国家"一带一路"的重要使命，有望成为我国西部开发开放和区域协调发展的重要增长极，有望成为粤港澳大湾区辐射带动周边地区加快发展的优先区域，为了更好地实施新的《广西北部湾经济区发展规划》，根据对其实施成效评估的结果，主要政策建议如下：

1. 真正使《广西北部湾经济区发展规划》的实施成为推动广西北部湾、服务"三南"（西南、华南和中南）乃至构建面向东盟的国际大通道的重要"抓手"

一是切实建立共同推动北部湾经济区协同发展的联席会议制度，使《广西北部湾经济区发展规划》的制定、实施、评估、反馈和修订真正成为北部湾经济区包括南宁、北海、钦州、防城港等城市通力协作的共同行动。二是切实建立有效推动区域协同和协作发展的新机制，有效对接和抓住《粤港澳大湾区发展规划纲要》《北部湾城市群发展规划》《中国—中南半岛经济走廊建设倡议书》和带动珠江—西江经济带创新绿色发展等的机遇，不断提高《广西北部湾经济区发展规划》实施的综合成效。

2. 坚持南宁、北海、防城港和钦州等城市产业错位发展

北部湾经济区要充分发挥面向东盟和沿海沿边的优势，积极推动临港工业绿色化改造，注重打造北部湾滨海旅游带，大力发展海洋经济，在注重与粤琼等和东盟产业合作的同时，一要充分发挥南宁市作为北部湾核心城市的作用，

充分发挥面向东盟开放合作门户城市的作用，承担打造西南中南地区开放发展新的战略支点的重任，重点发展高技术产业、先进装备制造业、区域性金融中心、区域性信息交流中心、区域性现代会展和商贸物流基地等。二要增强北海、防城港和钦州等区域性中心城市辐射带动作用，其中北海市重点建设服务全国、面向国际的亚热带滨海旅游度假胜地及其他相关产业；防城港市重点建成北部湾现代化主要港口城市，建设沿海现代制造业和西南沿海重要的新型能源基地；钦州市依托港口和保税港区，在发展外向型经济的同时，重在建成北部湾临海核心工业城市、北部湾沿海农产品集散中心、生产性服务中心和商贸服务中心。这是更好实施《广西北部湾经济区发展规划》和增强北部湾经济区协同与带动能力的根本举措。

3. 切实增加研发投入，实现北部湾创新驱动发展

北部湾区域的发展已经走过要素驱动，进入由投资驱动转向创新驱动的关键发展阶段。针对《广西北部湾经济区发展规划》实施成效评估的结果，一是需要切实提高北部湾区域研发经费占地区生产总值的比重，为实现创新驱动提供支持条件和动力；二是切实建立面向"三南"（西南、华南和中南）乃至面向东盟的区域性和国际性创新网络，充分利用产业投资基金支持先进制造业发展，实施关键领域和瓶颈环节研究开发、技术改造和升级的重大工程，以期持续推动北部湾区域创新驱动发展。

4. 持续保持和改善北部湾区域的生态环境

建成资源节约型和环境友好型北部湾生态社会，是建设高质量的北部湾现代化经济体系的重要支撑。一是加强环境监测，切实防止污染，发展"首尾相连，榨干吃净"的循环产业经济，全面实现清洁生产，实现污染物和废料资源再利用；二是建立有效运行的广西壮族自治区和北部湾区域环境信息共享平台，实现广西北部湾区域与其他区域生态环保联防联控，以期为更好实施《广西北部湾经济区发展规划》提供生态环境保障。

5. 采取切实措施缩小北部湾人均 GDP 的地区差距和城乡居民的收入差距

除了切实调整产业结构、核心城市与其他区域性城市错位发展之外，一是

充分利用西部大开发政策、沿海开放政策、少数民族地区政策、边疆地区政策，实现北部湾经济区综合协调同城化发展；二是切实促进各类生产要素在北部湾城市间和城乡间顺畅、自由流动，建立区域一体化的户籍、财产、教育、就业、社保、福利、医疗卫生等区域性公共服务政策体系；三是实施综合配套改革，特别是在政府规划体系、政府服务方式、市场激励机制、城乡统筹机制、乡村振兴措施和重点项目综合平衡布局等方面有所突破。

参考文献

［1］人民网．中共中央国务院关于建立更加有效的区域协调发展新机制的意见［EB/OL］．cpc. people. com. cn/n1/2018/1130/c419242 - 30433877. html，2018 - 11 - 3/2020 - 03 - 04.

［2］金桂生，潘慧灵．基于AHP的灰色关联法在企业战略决策中的应用研究［J］．管理评论，2011（9）：138 - 143.

［3］罗毅，李昱龙．基于熵权法和灰色关联分析法的输电网规划方案综合决策［J］．电网技术，2013（1）：77 - 81.

［4］陈瑞珍，罗金耀，李小平等．基于灰色关联法的小型农田水利工程建设项目绩效评价研究［J］．节水灌溉，2015（6）：79 - 87.

［5］Lv C.，Wu Z. Z.，Liu Z. G.，et al. The Multi - level Comprehensive Safety Evaluation for Chemical Production Instalment Based on The Method That Combines Grey - clustering and EAHP［J］．International Journal of Disaster Risk Reduction，2017（21）：243 - 250.

［6］Zhou J. G.，Wang Y. X.，Li B. Study on Optimization of Denitration Technology Based on Gray - fuzzy Combined Comprehensive Evaluation Model［J］．Systems Engineering Procedia，2012（4）：210 - 218.

［7］杨建仁，刘卫东．基于灰色关联分析和层次分析的新型工业化水平综合评价——以中部六省为例［J］．数学的实践与认识，2011（2）：

122 – 132.

[8] 严武，王辉．中国资本市场与产业结构升级关系的实证研究——基于协整检验和灰色关联分析法 [J]．江西财经大学学报，2012（2）：17 – 25.

[9] 彭继增，孙中美，黄昕．基于灰色关联理论的产业结构与经济协同发展的实证分析——以江西省为例 [J]．经济地理，2015（8）：123 – 128.

[10] Liu W. J., Wu C. F., Chang X. Y., et al. Evaluating Remanufacturing Industry of China Using an Improved Grey Fixed Weight Clustering Method—A Case of Jiangsu Province [J]. Journal of Cleaner Production, 2017, 142（20）：2006 – 2020.

[11] 单瑞峰，孙小银．环境污染区域差异及其影响因素灰色关联法分析——以山东省为例 [J]．环境科学与管理，2008（10）：5 – 9.

[12] 张家其，吴宜进，葛咏等．基于灰色关联模型的贫困地区生态安全综合评价——以恩施贫困地区为例 [J]．地理研究，2014（8）：1457 – 1464.

[13] 刘思峰，蔡华，杨英杰等．灰色关联分析模型研究进展 [J]．系统工程理论与实践，2013（8）：2041 – 2046.

[14] 杜栋，庞庆华，吴炎．现代综合评价方法与案例精选 [M]．北京：清华大学出版社，2015.

[15] 李万果．基于灰色理论的区域规划评价及实证分析 [D]．天津大学硕士学位论文，2016：34 – 52.

后 记

　　战略与规划是"看得见的手"和"看不见的手"，即"两只手"的重要"抓手"。中国区域发展战略与规划是中国发展和空间规划体系中极其重要的有机组成部分。中华人民共和国成立以来，特别是改革开放和新时代以来，我国中央政府和地方政府批准或批复实施的各种广义的不同空间尺度的区域规划至少达到2740多个（包括中央政府批准的100多个单个行政区发展规划，但不包括其他各级独立行政区规划）。这些众多的广义的不同空间尺度上的区域发展规划，如何避免"重复""打架"和"混战"？如何对其实施成效进行评估？这些一直以来是我不断学习、研究和探究的课题。

　　本书是在我主持的国家自然科学基金应急管理项目"区域规划实施评估的理论方法、机制与案例研究"（项目批准号：71641027）已有成果的基础上，后期进一步深入和拓展研究其中的中国（狭义的）区域规划评估理论与实践问题的成果，同时也是我主持承担的国家发改委重大研究课题"重大战略规划与政策评估理论体系和实践方法研究"的部分间接成果。

　　在主持研究这些项目期间，我多次听到或感受到国家发改委及规划司、评估督导司和地区司等领导强调对中国重大战略规划、重大政策体系、重大工程项目和重大改革方案实施中存在的重大问题研究和评估的重要性和急迫性，正如我在2019年8月，被国家商务部派出到老挝共和国为其国家计划与投资部、老挝国家经济研究院、老挝国家社会科学院，作《中国战略与规划》专题报告与交流中了解和感受到的发展中国家对重大工程、重大政策和重大战略规划及其评估的重要性和迫切性。特别是在 2019 年 10 月 30～31 日，我在国家发改委主办的全国发改系统评估督导工作会议上作《中国重大战略规划、重大政策评估理论与实践》专题报告与交流中，强烈感受到国家对"四个重大"评估理论与实践上的需求是十分迫切的，可通过对国内外相关问题的深入研究发现，目前已有成果很难完全在理论上和实际操作中直接解决或回答这些事关国家发展全局的重大问题。仅就广义的区域规划来说，客观上世界各国、各区域的总体规划体系和区域空间规划体系类型多样、体系繁杂、实施问题很多，特别是各类区域规划的定义、区域规划体系及其内容和相互关系等方面存在较大差异，且中国的发展与空间规划的评估又不同于国外一般的公共政策评价和部门绩效评价。如何在理论和实践上进一步系统回顾、界定、梳理、建立和实施具有中国特色的区域规划体系？如何对包括广义区域规划在内的中国发展与空间规划体系进行评估？这无论是在理论上还是在实践需求上，同样具有非常重要的紧迫性。

本书就是在这样的背景下完成的阶段性成果，是专注研究中国区域规划历史、区域规划体系及其评估理论和实践的著作。

在本书付梓之际，感谢国家自然科学基金委员会、管理科学部领导及刘作仪处长、杨列勋处长和高杰项目主任等在评审会议上提出的宝贵意见，特别感谢国务院发展研究中心李善同研究员负责 2016 年第 4 期国家自然科学基金应急管理项目总课题"我国发展规划实施评估的理论方法与对策研究"期间，李老师对我负责的课题"区域规划实施评估的理论方法、机制与案例研究"（项目批准号：71641027）给予的悉心指导，感谢在课题研究和评审中国家发改委岳修虎副司长、许长旺副司长、吴萨处长和刘春雨处长，中国社会科学院杨开忠研究员，中国科学院金凤君研究员，辽宁大学王伟光教授，北京市发改委姚飞教授，北京市城市规划设计研究院杜立群副院长等给予课题中期汇报和结题评审的意见和建议。

感谢国家发展和改革委评估督导司王青云司长、吴君杨副司长、楚琪副司长、李东处长、汤丁主任等在我研究重大课题"重大战略规划与政策评估理论体系和实践方法研究"中提出的研究建议和意见，使我在完善本书过程中受到了很大的启发。

在对本书具体问题深入研究过程中，感谢中国人民大学孙久文教授、张可云教授、刘瑞教授、付晓东教授和刘明远教授，中国社会科学院杨开忠研究员，南开大学安虎森教授，北京大学贺灿飞教授，中国科学院赵作权研究员，中国宏观经济研究院肖金成研究员，浙江大学石敏俊教授，长沙理工大学周正祥教授等的指导、关心和支持。

在本书研究过程中，感谢北京科技大学东凌经济管理学院何维达教授、冯梅教授、王宾容教授和王晓岭副教授，中国宏观经济研究院刘敏副研究员，中国科学院赵璐副研究员的支持和帮助。感谢北京科技大学马克思主义学院彭庆红教授、段晓芳书记、张红霞教授、潘建红教授等的鼓励。感谢北京科技大学管庄校区韩大海老师和北京科技大学东凌经济管理学院研究生张丹、温家隆、全荣等的参与和支持。

感谢我的导师中国人民大学王海平教授、张敦富教授一直以来在思想和方法上的启迪。感谢经济管理出版社杨世伟社长、勇生副社长的大力支持，感谢经济管理出版社申桂萍编辑为本书出版给予的热情帮助。感谢我的同学祝丹涛、姜秀谦、郑治国和郑伟征等和朋友们给予的支持和鼓励。感谢我家人的理解和支持。

由于科学总结、凝练和有效解决具有中国特色的广义的区域规划体系及其评估理论与实践问题是一项应用性很强且十分复杂的课题，本书仍有许多问题有待深入探究和拓展。由于时间和水平所限，书中难免存在纰漏，敬请读者批评和指正，并请您把意见或建议发往 zhangmanyin@ 163. com 或 zhangmanyin@ ustb. edu. cn，以便我进一步修改、补充和完善，并争取将来在本研究流域将其打造为具有一定历史性、工具性和可读性的精品。

2020 初春于北京科技大学